RAPHAEL MONAR LALUNA

Liebes Universum – lass mich in Ruhe!

Small Talk mit dem Universum,
gewürzt mit ekstatischer Langeweile.

ISBN: 978-1523355426

Ein einfaches Hallo

Hallo, ja ich bin es!

Das Universum.

Ähm, du kennst mich doch, oder?

Ich wollte einfach mal mit dir ein bisschen quatschen, so direkt von Angesicht zu Angesicht. Ich will keine große Sache daraus machen, kein Brimborium, sondern mal entspannt dir mein Herz ausschütten.

Wahrscheinlich hast du eine große Wut auf mich, bist ziemlich enttäuscht von mir, fühlst dich verletzt und zurückgestoßen. Du meinst, ich hätte mich auch schon mal früher melden, ein Lebenszeichen von mir geben können.

Na ja, so gesehen hast du recht, das war schon längst überfällig und nun habe ich allen Mut zusammengenommen und

– tata –

hier bin ich!

Wir sind es

Also, worum geht es nun eigentlich?

Ehrlich gesagt, so viel Verschiedenheit gibt es nicht zwischen uns beiden, auch wenn du meinst, da wäre ein Riesenunterschied. Diese Unterscheidung macht dich nur unglücklich. Nicht, dass ich etwas gegen Unglück hätte; nein, das darf ruhig auch erscheinen, aber vielleicht ist das nichts mehr für dich.

Warum mich das so interessiert, was du denkst und fühlst? Ja, weil es nichts anderes gibt. Ich bin immer das, was gerade ist und das total und voller Hingabe. Es gibt gerade nur dich. Nur dich und mich. Hier!

Es gibt keine andere Ecke im Raum oder hinter dem Sofa, wo ich noch etwas anderes mache und du davon nichts mitbekommst. Wir beide sind unzertrennlich und ich bin gerade voll und ganz du. Das war ich schon immer. Du hast es nur vergessen. Es gibt keine Trennung zwischen uns. Wir sind eins und atmen unsere eigene Umarmung ein.

Daher sind diese Worte hier – deine/meine Gedanken. Es sind deine/meine Gefühle. Es ist unser Traum und unser Aufwachen!

Und daher meine klitzekleine Bitte:

„Hör auf"!

Etwas Neues

Ich habe mal wieder Lust auf die großen Sachen, von Ekstase und Lachen bis zum Abwinken. Von richtig geilem Orgasmus, absoluter Einheit und Himbeereis bis zum Umfallen. Das ist es was ich will!

Diese tägliche Trennungsmelodie reicht mir. Diese Melodie der Einsamkeit will ich nicht mehr hören. Oder macht es dir noch Spaß? Ich denke nicht, oder?

Durchschaut! Ich stehe schon darauf, viele neue Erfahrungen zu machen. Daher ist es einfach Zeit. Ich schaffe das aber nicht ohne dich.

Dieser Moment, in dem ich mit dir sprechen darf, ist so kostbar.

Ich habe keine richtigen Vorschläge für dich oder Tipps oder ein Handbuch. Eigentlich müsste es einfach so reichen. Wenn das Universum mit dir spricht, müsstest du alle fünfe gerade sein lassen und dann passiert es von alleine, weil ich ja du bin.

Daher lass doch mal alles das, was du weißt und glaubst, gelesen zu haben, weg. Was ist Wirklichkeit?

Der Sinn des Lebens? Gibt es dich? Bist du niemand? Taucht alles nur so auf? Was hast du nicht schon alles gehört und nun fängst du selber an, so einen Unsinn von dir zu geben?

Das Ich gibt es nicht! Sagst du! Es gibt keinen Handelnden. Das Leben ist ein Traum, du willst aufwachen und dann wird alles noch besser.

Hui hui, vergiss den ganzen Kram mal. Du, das sind nur neue Gedanken, die genauso in die Irre führen. Es geht nur um dich – jetzt und hier! Was erlebst du wirklich, was fühlst du jetzt, fühlst du dich? Fühlst du deine Existenz? Dein Ich? Fühlst du die Trennung? Den Schmerz? Fühlst du dich klein und unbedeutend?

Ja, ja, ja, ja, das ist es! Das ist alles. Das ist vollkommenes Leben. Alles andere sind nur weitere Gedanken, die sich über das legen, was gerade da ist. Du willst genau das erleben, was du gerade erlebst. Nichts anderes!

Ist das nicht wunderschön? Hast du das nicht schon immer vermutet? Du bist das Leben selbst! Dein Universum ist das, was gerade ist. Und ja, genau das bin auch ich. Dein Universum bin ich. Ich erlebe mich! Ich spüre mich! Ist das der Hammer. Ah, jetzt fühle ich Freiheit und Liebe so wie du. Ich bin zu Hause! Oh – und war nie alleine. Es ist einfach klasse.

Ich sehe einen anderen Menschen. Wie schön ist es, ihn zu berühren, mit ihm zu sprechen, sich von ihm getrennt zu fühlen, die Sehnsucht in sich zu haben, sich mit ihm ekstatisch zu vereinen, vielleicht die Trennung aufzuheben. Das Leben zu spüren. Ganz zu sein mit dem, was man ist. Und hörst du? Hörst du mich? Ja?

Genau das bin ich. Alles das, was du siehst, hörst, denkst und fühlst – das bin ich. Und ich lache, weil es kitzelt, dich zu spüren. Deine Trennung kitzelt mich, die Vollkommenheit kitzelt, die du ja bist! Ist das eine Riesennummer!

Ich danke mir

Ich finde unsere Unterhaltung toll, auch wenn du meinst, dass sie sehr einseitig ist. Nein, ganz und gar nicht; alles das, was hier steht, kommt doch von dir, auch wenn du es jetzt nur liest. Glaubst du wirklich, es gibt außerhalb von dir ein Buch mit Wörtern, die nicht von dir sind?

Deine wirkliche, absolute Sehnsucht nach dir selbst ist jetzt hier erfüllt! Das, was du gerade liest, zeigt dir deine Sehnsucht, es jetzt zu lesen. Es gibt niemand anderen, wenn du die Augen vom Buch hebst und einen Baum anschaust, falls du im Park sitzt. Dann ist es deine Sehnsucht, die Augen zu heben und den Baum anzuschauen. Dich jetzt zu spüren und nicht zu lieben, ist deine Sehnsucht; ist genau das, was der Spiegel der unendlichen Liebe ist. Spürst du den leichten, süßen Schmerz in unserer Herzgegend? Ja, du spürst es! Das ist deine Sehnsucht! Genau das jetzt zu spüren, in dieses Spüren zu fallen und da drinnen eine weitere süße Leichtigkeit zu finden.

Du könntest jetzt weinen, weil du immer dachtest, deine Sehnsucht würde nie erfüllt oder mörderisch anstrengend werden … doch es nun zu erleben, dass das deine Sehnsucht ist, die sich jetzt durch sich selber erfüllt, raubt dir die Luft zum Atmen.

Die Stille ist der Schrei, dein Schrei nach dir selber! Mein Gott, wie liebe ich dich! Dich zu sehen, dich zu riechen, dich zu hören und zu spüren.

Was ist dagegen der schönste Sonnenuntergang? Ja genau, sich selber zu spüren! Ich spüre mich. Danke Trennung, danke für dieses Erlebnis. Ich spüre mich. Ich lese hier. Ich bin fassungslos. Ich bin die Dunkelheit, in der nichts ist außer diesem: jetzt und hier. Ich bin etwas. Alles. Alles, was du wahrnimmst, was ich wahrnehme, ist durchdrungen vom Leben.

Es ist erfüllende Sehnsucht: die Hand, der Gedanke, das Fühlen, das Fernsehschauen sind erfüllende, lebendige Sehnsucht.

Bin ich froh, dass ich mich bei dir gemeldet habe. Ich fühle mich!

Dieser unendliche Raum, der ich bin, ist voller Leben, voller Beziehung und sei es nur ein Kieselstein.

Der Kieselstein ist die Konzentration der absoluten Ekstase und Fülle; so wie jeder Gedanke, der auftaucht, wie jedes Gefühl absolute konzentrierte Ekstase und Fülle ist.

Ich danke mir. Durch diese Worte, die hier stehen, kann ich mir selber danken. Sie hallen in mir. Ich wusste gar nicht, dass ich so liebevoll zu mir selbst sein kann.

Ja, ich denke, damit ist es vorbei ... voller Freude gibt es einen neuen Stern. Er brennt in dir und schaust du zum Nachthimmel, siehst du ihn dort – doch es gibt keinen Unterschied.

Und ich hoffe sehr, es wieder zu vergessen. Das Finden macht einfach so viel Spaß ... immer wieder, immer wieder … deine Hoffnung ist auch meine, die sich jetzt zeigt! Bis es keine Lust mehr auf das Vergessen gibt, bis dahin ist das ausgelebte Lust!

Die Stimme

Alle Menschen haben die tollsten und unglaublichsten Impulse und – weißt du was? Sie machen nichts daraus.

Wahnsinn! Ich gebe mir solche Mühe, mit ihnen in Kontakt zu treten, ihnen einen Schubs zu geben, sie in die lebendige Richtung zu lenken, in die Vielfalt, in das Staunen der Sekunde, aber nichts – diese Sturböcke. Da kann ich schreien, betteln, seufzen, nichts, nichts, nichts … Und ich mache solange weiter, bis ich merke, dass es keine anderen Menschen gibt!

Es gibt nur dich, jetzt und hier; ah, das ist Entspannung. Na ja, ist ja auch irgendwie stark, so zu tun, als ob der rote Faden im Leben fehlte und man immer in den Abgrund stürzte …

Wenn Gedanken daran, dass es andere Menschen gibt, das nicht glaubhaft machen würden, müsste ich mir das selbst ausdenken. Es ist echt anstrengend immer etwas zu erschaffen, was noch nicht da ist. Daher liebe ich es so, jetzt mit dir zu reden.

Also nicht, dass wir uns missverstehen. Der Schreiber ist kein Medium und ich werde auch nicht gechannelt; das macht doch keinen Spaß … Nein nein, ich bin jetzt anwesend, so mit allem, was geht. Mit dir und diesen Worten, mit dieser Stimme in deinem Kopf.

Ja, diese Stimme! Klingt wie deine Stimme, denkst du. Aber mal Hand aufs Herz! Hast du sie echt schon einmal gehört? Hat diese Stimme einen Ton? Eine Stimmfarbe? Bist das wirklich nur du? Abgetrennt und isoliert? Eine Stimme im Kopf?

Ha ha, reingelegt! Das dachtest du bis jetzt wohl immer, wirklich und aus den tiefsten Tiefen des Seins heraus. Aber das bin ich. Auch wenn ich mal etwas Quatsch erzähle und dich „runtermache", das gehört auch dazu.

Daher versuche bitte nicht, in die Stille zu gehen, die Lücke zwischen beiden Gedanken zu finden, weil – äh – ich dann aufhöre zu sprechen, und wie du gesehen hast, quatsche ich für mein Leben gern. Bitte verzichte also auf den ganzen Meditations-Unsinn, irgendwo hinkommen zu wollen. Das macht mich irre ... ist doch schon alles da.

Jetzt, hier mit uns beiden, ist es doch die schönste Liebesaffäre, die wir draufhaben. Romantischer und näher geht es nun echt nicht. Eine Stimme in deinem Kopf – ach wie schön ist es, dich so sehr zu erfüllen.

Das ist meine Art, meinen Orgasmus zu haben. Hehe, so gesehen hast du die ganze Zeit in deinem

Kopf einen universalen Orgasmus. Ist doch witzig, oder?

Also gut! Ich verspüre gerade den Wunsch, mal etwas anderes erleben zu wollen, und bin auf der Suche nach dem Paradies, weil ich vergessen habe, dass es schon da ist.

Äh, ich spreche manchmal in der Ichform, aber ich meine natürlich dich damit. Den einzigen Unterschied machst ja du! Nicht ich!

Bist du soweit?

Das ist also ein heikles Thema, diese Suche nach dem Paradies, das schon die ganze Zeit anwesend ist. Das kann kein Mensch verstehen und denk daran, dass die Stimme, also die Gedanken, die meinen sind. Ich werde dir nur ganz selten Gedanken schicken, die etwas verstehen. In dem Moment hört die Stimme auf, weil du angekommen bist, und daher liebe ich das nicht so. Ich grabe mir nicht das eigene Wasser ab.

Daher vergiss, dass du etwas verstehen kannst. Es besteht durchaus die Möglichkeit, dass sich dann das Unverständnis schnell wieder zeigt. Damit ist also niemandem wirklich gedient.

Nun bin ich alles und nichts, daher nehme ich meinen Wunsch ernst, mal erleben zu wollen, dass alles vollkommen ist: ein Paradies auf Erden, egal, was auftaucht – und ich eingebettet bin in die Liebe. Aber wie kann ich das machen? Das fragen wir uns doch beide gerade, oder? Ich kann da nichts machen. Ich kann höchstens ein gutes Wort bei dem Schöpfer für dich einlegen und dann mal schauen, ob er etwas „drehen“ kann. Er oder sie, da lass uns mal nicht so pingelig sein und wie gesagt, eigentlich bin ich das ja auch. Aber solange du nicht davon überzeugt bist, bin ich es leider auch nicht.

Daher mein Vorschlag: Ich lege ein kleines, bescheidenes, gutes Wort für dich ein. Nun aber die alles entscheidende Frage: Soll ich? Wärst du wirklich offen dafür, dass es einfach passiert, ohne dass du dich anstrengen musst?

Du müsstest dann tatsächlich jede Anstrengung fallen lassen und ich weiß nicht, ob du da wirklich schon Lust darauf hast. Ich bin also etwas am Zweifeln, ob ich bereits den ganzen Weg gehen soll, und du willst es vielleicht noch nicht einmal. Tja, daher melde ich mich. Ich dachte, ich kann es irgendwie herausfinden, wenn ich dich etwas bespitzele und abwäge, worauf du so wirklich stehst. Aber die Tarnung ist zu perfekt. Ich kann mich selbst nicht mehr durchschauen.

Am Ende des Buches werde ich die Info haben, ob du es wirklich willst, und dann werde ich es dich auch wissen lassen!

Ekstatische Langeweile

Kennst du das auch? Manchmal, wenn man auf nichts Lust hat und Löcher in die Decke starrt, ist das kaum auszuhalten. Eigentlich gibt es eine Milliarde Möglichkeiten, aber das Einzige, was passiert ist, in die Luft zu schauen und sich echt zu langweilen. Boahhh, diese Unendlichkeit, die sich auftut, und dieses sich selber Verlieren in dem Nichts ist kaum auszuhalten. Ja, dann spürt man die schwarzen Löcher, dieses Aufgezogensein in die Ewigkeit.

Ich hasse sie, diese blöden schwarzen Löcher. Mann, gehen die mir auf die Nerven. Immer verschwindet etwas, immer muss man aufpassen, dass ein Planet nicht zu nahe kommt – und diese Neugier, wo das alles hingeht. Ich weiß es auch nicht, es verschwindet und ist einfach weg. Es gibt keine Möglichkeit herauszufinden, wohin das ganze Zeug geht oder nur sehr komprimiert wird. Na ja, dies klopft einfach an, finde ich, wenn man mal einen miesen Tag hat.

Oh sogar jetzt, wenn wir mal ehrlich sind, ist uns doch total langweilig. Es wird halt überschattet vom Lesen, Atmen und dem ganzen Wahrnehmungszeug, aber dahinter lauert schon dieses Unendliche ... Lass uns da mal gemeinsam durch, ohne Ablenkung bzw. etwas

Neues tun wollen. Wie einfach ist es, diesem Gefühl entgehen zu wollen, eine neue Aktivität und schon befindet man sich wieder in der Umhüllung der Vermeidung. Aber wenn wir versuchen, wir beiden Tollen, mal das nicht zu vermeiden und uns da ganz hineinfallen lassen, bin ich so neugierig, was da passiert.

Leider hört durch Neugierde schon gleich die Langeweile wieder auf, ja das ist ziemlich tricky ... gewollt versuchen, sich mal zu langweilen. Aber so, wie ich uns kenne, schaffen wir auch das.

Also los geht's.

Ich fang mal an ...

ah ...

uh ...

hm ...

hmm ...

Ja, tatsächlich! Ein bisschen komme ich da schon heran ... und nun du!

Boahhh, ist das langweilig.

Es wird immer schlimmer.

Jeder Gedanke soooo langweilig, jedes Gefühl, sogar jeder Atemzug – ist das ätzend.

Sehr gut, ich spüre sie! Ja ja ja, lass nicht locker, noch mehr, jetzt volles Rohr, gähnend langweilig, sogar die Sachen, die hier stehen, sogar das Lesen, das ganze Leben, die Zukunft und die Vergangenheit – langweilig!

Jetzt.

Langweilig.

Immer, immer: das Gleiche! Gähn …

Sehr gut, wenn wir dem richtig nahe kommen und durch neues Getue nicht weglaufen. Dann kann uns das Nichts mit Haut und Haar verschlingen. Und dann offenbart sich das Nichtstun, die größte Angst des Ichs. Wenn es in das Nichtstun kommt, muss es sich in seiner ganzen Größe offenbaren und zugeben, dass es auch nichts ist.

In dieser Langeweile klopft also etwas an, was du dein ganzes Leben gesucht hast, es immer so nah war und trotzdem übersehen wurde. Das Ich muss sich in der Langeweile auflösen und erkennen, dass es nie das Zepter in der Hand hatte. Es besaß niemals irgendeine Kontrolle, weil es doch etwas anderes ist, als es selbst gedacht hatte. Es muss alles loslassen, an dem es festgehalten hatte, um diese Langweile auszuhalten. Ja, und dann ist da nichts mehr – einfach so, einfach hier. Es kann nichts getan werden, um sich zu langweilen; jedes Tun ist schon eine Ablenkung und die Langweile rinnt zwischen den Fingern hindurch.

Welche Gnade, wenn du dich also mal langweilen kannst, wenn du es dir erlaubst und dich dem hingibst. Das ist die Gnade Gottes, die dich immer wieder erwischt und dort hört die Zeit auf. In der Langeweile gibt es kein Suchen mehr, keine Hoffnung auf die Zukunft, nur die Vereinigung mit dem Allumfassenden. Das ist, was dann erfahren wird.

Die Gnade spricht zu dir, sie lockt dich, sie umhüllt dein Herz und zerrt an deinen Gedanken. Das ist alles. Also immer, wenn dich die Langweile erwischt, die du selber nicht herbeiführen kannst, dann halte sie mal aus. Nimm kein Handy in die Hand, lass den Fernseher ausgeschaltet. Denke nicht über wichtige Themen oder irgendwelches Zeug nach, sondern lass diese Gnade, die dich da erwischt hat, voll wirken – gebe dich, einfach durch das Aushalten, dieser Gnade hin.

Das ist das größte Geheimnis, das ich dir erzählen wollte. Das ist der wahre Grund, warum ich mich bei dir gemeldet habe. Vielleicht hörst du nun auf, vor deiner größten Angst wegzulaufen: dass du nichts bist, dass hervorkommen könnte, dass das ganze Universum einen Groll auf dich hat, weil du nichts Besonderes bist.

Aber hey, ich bin es, das Universum! Ich habe keinen Groll auf dich, und du bist auch nichts wert: nicht so, wie du dir das immer vorgestellt hast. Diesen Wert hast du nicht für mich. Dieser vorgestellte Wert tut mir eher weh und macht mich traurig. Dein Wert ist nicht in diesen Kategorien zu messen, er ist so viel unendlicher und geheimnisvoller und hat überhaupt nichts mit dir persönlich zu tun.

Dein Wert spiegelt sich in jedem Gefühl wider, das du hast, in jedem Gedanken und in jeder Bewegung. Dieser Wert ist völlig frei von jedweden Erwartungen. Er ist frei von Kontrolle. Er ist so unschätzbar: Er ist der Atem Gottes. In der Langeweile offenbart sich dein wahrer Wert! Ach ja, es ist so einfach, es ist so verspielt!

Du hattest den Schatz die ganze Zeit in deinen Händen und hast ihn immer wieder weggeworfen: für eine SMS, für etwas Alkohol, für ein Handy-Spiel und somit für die ganze Welt! Und du bist so nahe dran! Du wolltest immer frei von Leiden sein, hast die Erleuchtung und das Glück gesucht, doch dafür musst du die Langweile aushalten. Das ist der Kuss, der dich befreit! Lass dich das nächste Mal küssen. Das ist die einzige Sprache, die einzige Möglichkeit, wie das Leben versucht, dich zu erreichen.

Wir sind vereint

Ohhh, es geht schon los: Ich spüre es. Du auch?

Du spürst diese Möglichkeit der absoluten Veränderung, den Klang der Ungewissheit. Ja, du spürst es, ich doch auch. Es gibt immer noch in alldem ein kleines Festhaltenwollen. Bloß nicht die Sicherheit aufgeben. Eine Sicherheit, die du glaubst, zu besitzen, die sich schützend um dich legt und nur das durchlässt, was dir angenehm ist.

Wenn diese Sicherheit ins Wanken gerät, ist da natürlich pure Angst vor dem, was passieren könnte. Diese Sicherheit ist alles, was dich davon abhält, das zu sein, was du schon bist! Sie ist für dich erfahrbar und endlich entspannend.

Es ist ein großer Lachender, ein alles Sehender, der die Sicherheit erschaffen hat. Eine Sicherheit, die es niemals gibt, noch nicht einmal für mich. Das Leben besteht jeden Moment aus dem Sterben und Geborenwerden. Jeden Moment kann alles zusammenfallen, sich auflösen oder Schmerzen verursachen. Es gibt nichts, woran du dich festhalten kannst; nichts, was dich in die Arme nimmt und damit das Leben aufhalten kann.

Doch es erscheint so, als gäbe es einen Ausweg, eine sichere Straße durch das Leben. Ach wie königlich und verspielt das ist. Ich bin sooo glücklich, dass es so ist, sonst wäre es unendlich einseitig.

Wenn du jetzt hörst, dass es niemals Sicherheit gegeben hat noch geben wird und der freie Fall, der sich auftut, meine Arme sind, mein schwarzes Nichts, das dich liebkosen will, dich zärtlich streichelt, auch wenn deine Knie schlottern und du vor Angst nur noch stammelst: Ja, dann sind wir genau da, wo wir jetzt auch sind. Dieses Sterben und Geborenwerden passiert bereits jetzt in diesem Moment und du kannst nichts dagegen tun, dass es nicht so ist und nichts dafür tun, dass es schneller geht.

Wir sind schon in dem vereint. Dann verschmelzen die Gedanken in das große Unbekannte und zurück bleibt der Fall – der Fall, wie jetzt und schon immer ...

Du wirst traurig, weil die Sehnsucht, die dich dein ganzes Leben antrieb und dir versprach, irgendwann erfüllt zu werden, jetzt schon nach Hause gekommen ist.

Du wirst traurig, weil du wie von Weitem siehst, dass du doch die Liebe bist, die du immer gesucht hast. Lass uns zusammen einen tiefen Seufzer der Trauer machen, einen tiefen Atemzug in den Schmerz hinein. Es war alles umsonst, jede Anstrengung, jede Anspannung, jedes Festhalten, jedes sich Klammern an die Magie des Lebens – alles für die Katz!

Ja, da kommt erstmals keine Freude auf, wie du doch so oft gehört hast, wenn das Spiel als Spiel durchschaut wird.

Nein, da kommt der Schmerz hoch, der die ganze Zeit in dir wühlte und nie hochkommen durfte. Erst wenn dieses glühende Schwert dein Herz durchbohrt und du deinen letzten Atemzug in diesem alten Spiel machst, wird sich ein Lächeln auf deinen Lippen zeigen können, weil etwas Neues beginnt.

Niemals verlasse ich dich

Ich weiß auch nicht, ich bin irgendwie ein bisschen melodramatisch geworden. Wo sonst soll ich das ausleben, wenn nicht hier mit dir? Du willst es doch auch!

Dass du dieses jetzt hier liest, erotisiert mich unglaublich. Es ist deine Verwunderung, die mich rasend macht, es ist dieses Fühlen von dir.

Ja, und in diesem Moment siehst du auf dem Höhepunkt unserer Ekstase, dass dich niemals jemand verlassen hat, niemals gab es eine Trennung zu irgendeinem Menschen. Deine Angst, dass ein geliebter Mensch sich von dir trennt, ist ein Schutzmechanismus, um nicht sofort zu sehen, dass du alles gerade erfährst, dass alles diese Hingabe ist.

Dieser Schutzmechanismus, der dir vorgaukelt, dass dich tatsächlich jemand verlassen kann oder dich im Leben alleine lässt, weil er stirbt oder gestorben ist, heilt die Wunden, die gar nicht existieren. Es ist das Licht, von dem du dich abwendest, weil es dich blendet. Es ermöglicht dir, eine Träne zu vergießen und der Dunkelheit mit einem vorsichtigen Hallo zu begegnen. Mehr ist es nicht.

Wie kannst du dich selber verlassen? Wie kannst du glauben, dass ich dich jemals verlassen habe? Wenn du doch alles bist, was ich bin. Sogar die Wunde bin ich. Sogar der Glaube, dass es wehtut, sogar das ist unser Spiel, um uns zu vereinen, und ja, es macht auf einer echt abgefahrenen Ebene richtig Spaß. Im Höhepunkt ist auch ein Sterben, aber zugleich auch Erfüllung.

Genau, das heißt, es gibt keine Verschwendung ... Nichts von dem, was du fühlst oder denkst, ist Verschwendung. Ist das nicht unglaublich? Da fangen sogar meine Wangen vor Aufregung an, rot zu werden.

Nichts ist jemals verschwendet worden: Die paar Sterne, die hopsgegangen sind (oder sind das mittlerweile schon alle?), auch die paar Kreaturen, auch der Traum von einer Realität, nichts, nichts, nichts. Yipppihhhh!

Falscher Weg

Ich hoffe, ich habe in dir langsam ein paar Zweifel ausgeräumt. Hmmm nein, da ist immer noch ein winzig kleiner Dorn in deiner Seele. Du hast manchmal immer noch das Gefühl, dass nicht alles, was passiert, im Einklang mit mir ist.

Also, du kannst Sachen machen, die mir nicht so gut gefallen, die falsch sind oder die dich vom Leben abhalten – und wenn du mit mir nicht im Clinch bist, dann natürlich mit der Adresse weiter oben. Du bist ein kleines Sandkorn, das durch das Hin- und Herwehen vielleicht in das Getriebe geraten könnte, und dann würde alles schieflaufen. Alles, das ganze Universum würde aus den Fugen geraten und vielleicht noch nicht einmal mehr überleben.

Ja, diese merkwürdigen Gedanken gibt es noch und weißt du was: Ich liebe sie! Sie machen mein Herz auf. Ach, es ist so schön, dich zu sehen; wie du versuchst, ein richtiges Leben zu führen, und dich anstrengst, um das Optimale herauszuholen.

Ich bin richtig verliebt in diese Gedanken. Ohhhh, wenn ich diese nur auch hätte oder besser gesagt, wenn ich sie nur selber auch glauben könnte. Ich sehe sie zwar, aber sie haben nicht so einen Drive. Sie triggern mich nicht, so würde man doch heute sagen, oder? Ja, leider ziehen sie einfach vorbei. Ich gebe zu, ich bin ein bisschen neidisch auf dich, dass du dich diesen Gedanken so hingeben kannst und dadurch wirklich das Gefühl hast, dass das Leben eine einzige Anstrengung ist und irgendwo hinführt.

Mit diesen Gedanken erzeugst du das Gefühl, einen wichtigen Unterschied im Leben zu machen. Du erhebst dich über mich und sogar über Gott. Ja, sogar darüber stellst du dich, weil deine Entscheidung so wichtig ist. Die einen erleben einen Riesenspaß und echt extreme Gefühle, andere leiden darunter. Sie haben tatsächlich das Gefühl, dass das Leben aus purer Angst besteht, weil alles Mögliche passieren kann, womit sie selber vielleicht nicht einverstanden sind. Ahhh ja, und dann fängt das herrliche Leiden an.

Wie genial!

Eigentlich müsste ich mir jetzt auf die Zunge beißen. Ich will es gar nicht sagen, aber irgendwie kann ich nicht anders.

Ich kann keine Fehler machen, auch wenn ich es noch sehr wollte. Du kannst dir nicht vorstellen, was ich nicht alles versucht habe, um da eine Lücke im System zu finden. Mal so richtig das Gefühl zu haben: Jaaaa, das war ein Fehler, ich habe Schuld, ich hätte das anders machen sollen, ich werde mich bessern, das nächste Mal werde ich es besser machen. Ah, wie schön wäre das gewesen.

Aber nein, alles hat nichts gebracht, Sterne habe ich in die Luft gehen lassen … Ganze Spezies ausgelöscht, ich hatte sogar Gott vergessen und alles hat nichts gebracht. Immer war da dieser unendliche Raum von: Alles ist genauso, wie es sein sollte! Ja, das ist schon ein echt schönes Gefühl, aber ich wollte die andere Seite auch mal kennenlernen – und du?

Du lebst diese Seite total!

Und nun mein letzter, fieser Schachzug! Ich melde mich bei dir! Ich spreche mit dir, um vielleicht doch mal einen Fehler zu begehen.

Ich will fehlschlagen

Du lebst in diesen abgetrennten Gedanken und nimmst diese ziemlich ernst, weil das so sein soll, weil du es nicht anders willst. Genau das ist die Spiegelung der Liebe zu dir selbst. Ah, aber nun komme ich und will dir einen Strich durch die Rechnung machen. Ich will deinen Willen brechen, biegen und in eine andere Richtung lenken! Ich will böse sein! Ich will etwas machen, was nicht im Einklang mit allem ist!

Jaaaa, ich will dir sagen, dass du nicht getrennt bist! Dass du keine Möglichkeit hast, auch nur einen Atemzug zu machen, der nicht gewollt ist, der nicht die Vielfalt des Lebens widerspiegelt und mit dem du Gott nicht glücklich machst. Alles, was passiert, ist die Erscheinung; ist das, was gelebt werden soll. Es gibt keinen einzigen Fehltritt. Das Blatt, das du bist und das hier- und dorthin geweht wird, denkt nicht im Fallen: „Ahhhhh, ich darf da nicht hinfallen, ich sollte lieber dort hinfallen, das ist meine Wahl! Mist, jetzt bin ich hier hingefallen und das ist nicht gut!"

Das Blatt fällt einfach dorthin, weil es genau zu dem Bild passt, dass das Blatt dort landen soll! Und noch besser: Es ist immer der Moment des Fallens und des Fliegens, Bild für Bild, in dem sich die Vollkommenheit offenbart.

Das ist erschreckend, nicht? Es gibt keine Fehler, hui hui … ich hoffe, dass das endlich mein größter Fehler war … aber ich befürchte, dass das schon wieder in die Hose ging.

Wie könnte ich dir wirklich mit reinem Herzen sagen, dass es keine Fehler gibt, wenn ich hoffe, dass ich nun endlich mal einen Fehler gemacht habe; jedoch spüre, dass nichts passiert ist? Ich fühle keine Schuld, kein Bedauern, kein Ändernwollen. Das Blatt weht einfach.

Egal, was du entscheidest; gleichgültig, welche Wahl du triffst: Was immer auch passiert, ist im Einklang mit dem Atem Gottes und mit mir sowieso! Da kannst du dich darauf verlassen. Es ist echt noch nie etwas passiert, was nicht in meinen Adern auch passieren soll.

Das Einzige, was dieses Blatt davon abhält, es auch zu spüren und zu sehen, ist, weil es nicht denkt, es wäre so. Nur ein paar Glaubenssätze, ein paar Konstrukte, ein Luftschloss – und der Wind weht! Und du fliegst und wehst. Es ist ein farbenprächtiges Bild, weil du darin vorkommst – und ich natürlich auch! Nichts passiert ohne unsere Zustimmung.

Das Blatt weht, weil wir es genauso wollen. Auch wenn sich Gedanken bemerkbar machen, die das Gegenteil behaupten. Das sind die Würze und das Fleisch in der Suppe!

He he, so gesehen sind da natürlich weder Schuld noch Verantwortung enthalten. Es gibt keine persönliche Verantwortung. Das wäre noch schöner, es gibt nur das ALLES. ALLES – das ist die Verantwortung, was auch immer gesehen wird. Kriege, Hungersnöte, Sonnenuntergänge, all das sind die Vorlieben der Erscheinung und moralisch nicht gefärbt, so wie es deine Persönlichkeit gerne hätte. Deren Vorlieben und Abneigungen machen zwar Spaß und ergänzen noch das Vielfältige, aber mal im Ernst: Sie sind echt bedeutungslos.

Und da ich dir das alles ins Ohr geflüstert habe, ist die Zeit reif, dass du das auch hören willst. Du willst es! Du willst es so sehr! Dein Wille geschehe! Denn dein Wille ist auch der meinige!

So, genug! Sonst denkst du noch, alles ist in Ordnung und fühlst dich aufgehoben und hast keine Angst mehr. Wie fürchterlich!

Süßes Paradoxon

Oh, da fällt mir noch etwas Abgefahrenes ein. Eigentlich wollte ich nicht darüber sprechen, weil du dann vielleicht wieder das Gefühl hast, dass etwas in das Universum nicht hineingehört. Jetzt habe ich eine Lanze dafür gebrochen, dass alles, so wie es ist, einfach genau richtig ist. Nun gibt es aber etwas, das den Anschein erweckt, dass es hier in diese Welt doch nicht hineingehört. Dem ist natürlich nicht so, ich will nur etwas Verwirrung stiften.

Wie gesagt, ich liebe auch das Chaos und das nicht so ganz Logische. Am meisten aber liebe ich das Paradoxe, ahhhh, darin könnte ich die ganze Zeit schwimmen, das fühlt sich so lebendig an. Kein Gedanke kann das Paradoxe erfassen, keine Vorstellung und kein einziges Wort! Und das, was sich dann offenbart, sind der Herzschlag des Lebens, die Unmittelbarkeit, ein fetter Knutscher mit dem Lebendigen.

Du bist an sich schon so etwas von paradox! Du müsstest dich nur einmal durch meine Augen sehen. Ohhh, was ist das für ein Farbenspiel am Paradoxen. Das ist dein wahres Wesen. Alles andere ist nur eine Vorstellung, die auch Spaß macht, aber irgendwie nicht so ekstatisch ist.

Ich muss sagen, da bin ich doch immer wieder voller Bewunderung für das, was etwas erschaffen kann, was einfach nicht wahr ist und gleichzeitig wahr, was sich getrennt fühlt und gleichzeitig nie getrennt ist. In diesem Paradoxon ist alles möglich und alles frei und alles vorbestimmt; in diesem bist du sogar Gott und ich bin du, wir sind alles und wir sind, was wir glauben zu sein. In diesem Paradoxon bist du etwas, was jetzt diese Worte liest, dich wunderst und es nicht verstehen kannst, es jedoch gleichzeitig erschaffst. Du bist die Quelle, die es sieht.

Ist das nicht wirklich abgefahren? Das ist so unendlich märchenhaft: Du bist der Drache, das Ungeheuer und gleichzeitig die Prinzessin, die gefangen genommen wurde; du bist der Prinz, der sie befreit. Du bist dieser Moment, in dem alles geschieht. Du bist dieser Moment, in dem geglaubt wird, dass nichts geschieht.

Die Spitze des Eisberges von dem Paradoxen ist die Angst. Diese Angst ist das Unglaublichste und Wunderhafteste, das erscheinen kann. Angst erschafft die ganze Welt, erschafft die Trennung, erschafft das Leiden, erschafft dich als begrenztes Wesen.

Eingebildete Angst

Jede Angst, die erscheint, ist eingebildet; jedes Grundgefühl der Angst nicht wirklich. Doch dieses ist das Einzige, was dich als Person erscheinen lässt und damit auch mich, Gott und alles. Wir können in diesem nur erscheinen, weil es Trennung gibt. Wenn diese nicht da wäre, wäre keine Benennung mehr möglich, keine Unterscheidung, wo du anfängst und auch wieder aufhörst. Angst ist also das Einzige, was wirklich ist – bis sie nicht mehr da ist: dann wird sie als das Einzige gesehen, was nicht wirklich ist. Fantastisch!

Angst ist so gesehen der Dämon, der das Paradies heimsucht, um dem Paradies dann zuzuflüstern, dass es gar nicht existiert. Taktisch total klug!

Jede Angst, die erscheint, ist der Schatten im Märchen, es spannend macht und am Leben erhält. Dadurch entsteht Zeit! Es entstehen ein Morgen und ein Gestern, es entstehen ein Ziel, ein Sinn und eine Suche und das alles aufgrund von etwas, was nicht wirklich ist. Angst hat eine Million Gesichter: Angst vor dem Verlassenwerden, vor dem Sterben, vor dem Glück, vor der Liebe, vor dem nächsten Tag, vor einem Menschen, vor einem Gefühl, vor einem Gedanken. Angst vor dem Leben und vor dem Tod oder vor Gott, vor dem Universum oder vor dir selber.

Das ist wirklich alles, das ist das ganze Leben. Daraus entstehen Handlungen und Beziehungen; daraus entsteht das nächste Wort, das du sagst; der nächste Gedanke, der vorbeifliegt!

Angst ist nur da, um die Welt aufrecht zu erhalten.

Doch du bist schon längst aufgewacht, wir sind schon wieder zusammen und tanzen mit Gott Ringelreihen. Wir lachen und sehen in dem anderen nur unser eigenes Gesicht! Wir lachen über so viel Freude am Kreativen und lachen darüber, dass Angst da ist, die immer alles vernebelt und glaubhaft Zeit erscheinen lässt. Wenn es kein Ich gibt, gibt es auch keine Angst.

Sobald du Angst fühlst, bist du nicht mehr im Rausch des Lachens. Hast du Angst davor, deine Kinder zu verlieren? Deinen Job? Dein Geld? Nicht erleuchtet zu werden? Erleuchtet zu werden?

Diese Angst kann nur da sein, weil sie das Lachen gerade überschattet, das Vertrauen und die Liebe, das Ungetrenntsein, die Vollkommenheit im Geschehen. Sie kann nur da sein, wenn du dich nicht ganz erkannt hast. Sie kann nur da sein, wenn du immer noch spielen willst. Sie kann nur da sein, weil sie uns eine Welt vorgaukelt, von der sie behauptet, dass sie dann nicht mehr wäre und nichts übrigbleibt als nur der dunkle, unbekannte Tod.

Doch genau das Gegenteil ist der Fall. Wenn keine Angst mehr da wäre, würdest du wahrlich leben.

Vielleicht würde sich alles verändern. Wenn du nicht mehr aus Angst mit deinem Partner zusammen bist oder aus Angst deinen Job machst, ja, dann hast du die Freiheit, voller Vertrauen das Leben zu leben; der Welt das Gesicht der Liebe zu zeigen! Zu gehen und zu schreien, zu weinen und zu lachen.

Alles ist möglich, ohne dass du dich weiterhin verbiegen musst. Der Spagat hat aufgehört. Du bist dann in der Zeitlosigkeit und dort ist genau das anwesend, was jetzt erscheint.

Der Geheimgang

Vielleicht gibt es nun eine Sehnsucht, die Angst loszuwerden, doch natürlich wirst du das nie schaffen, weil du sie auch nicht gewählt hast!

Doch existiert immer ein Schlupfloch! Das hast du dir offengelassen. Es gibt immer einen Geheimgang, der nur erscheinen muss. Den gibt es immer nur hier und jetzt, niemals in der Zukunft oder in der Vergangenheit. Er ist immer sofort erreichbar und nichts kann dafür getan werden – und es bedarf keiner Anstrengung ihn zu finden. Er ist einfach da!

Dieser Geheimgang ist der Gedanke, dass jede Angst nur eingebildet ist. Vielleicht sagst du jetzt: „Aber es gibt doch auch keine eingebildete Angst. Wenn mein Kind auf die Straße läuft und ein Auto kommt! ... Ahhh ja, das ist genau die Angst, die dich das denken lässt. Das ist genau die Angst, die um ihr Überleben kämpft. Sobald sie auch nur einen Funken der Berechtigung glaubhaft herübergebracht hat, ist die ganze Welt wieder vorhanden!

Wenn diese Situation passiert, dass dein Kind auf der Straße steht, wirst du einfach reagieren und voller Adrenalin und Herzrasen dein Kind von der Straße nehmen oder dich vor das Auto werfen, um es aufzuhalten. Das wird passieren oder auch nicht. Es gibt keine einzige Berechtigung für Angst. Sie ist immer nur eingebildet, um nicht das Lachen zu hören, das jetzt schon da ist.

Auch sagst du vielleicht, dass Angst schon manchmal da sein sollte, damit sie dich davon abhält, Dummheiten zu machen. Also, die Angst ins Gefängnis zu kommen, hindert dich daran, einen Bankraub zu verüben. Aber auch das ist schon die Angst, die da wieder einmal ein Wörtchen mitredet. Die Angst, die dir suggeriert: Wenn sie nicht mehr wäre, würde sich deine tiefe, dunkle Seele offenbaren und echt gemeine Dinge tun.

Ich, die Angst, bin der Engel, der dich und andere vor dem Grausamsten bewahrt. Ja, diese Stimme kennst du auch, aber du hast vielleicht wieder vergessen, dass wir uns schon darauf geeinigt haben, dass nichts passieren kann, das nicht abgesegnet ist. Weißt du noch? Alles, was geschieht, ist im Einklang mit dem Leben, mit der Vollkommenheit! Wenn es passieren soll, dass du einem Kind das Eis wegnimmst, dann soll es so sein, und keine Angst der Welt könnte dich davor bewahren. Keine Angst der Welt ist größer als die Unendlichkeit, die sich liebend um dich legt! Das ist nur ihre einzige Macht, dir weismachen zu wollen, dass es anders wäre.

Auch hier, wenn du dies jetzt liest, wenn du wirklich hinschaust, gibt es in Wirklichkeit im direkten Erleben keine Angst und jedes Grundgefühl, das auf Angst basiert, ist nur eingebildet.

Gehe mal da hinein! Schau dich an; schau, ob es da irgendetwas gibt, was dir Angst macht, und dann kannst du sehen, dass das, was jetzt wirklich ist, eine ganz andere Wirklichkeit hat. Du hast Angst vor Menschen, sitzt in deinem Zimmer alleine … was ist wirklich?

Du bist alleine in deinem Zimmer. Es gibt keine anderen Menschen, es gibt nur Angst vor ihnen. Es gibt nur Angst vor etwas, was nicht da ist, das heißt, die Angst ist eingebildet. Und wenn dann irgendwann Menschen da sind und du schwitzt, dein Herz klopft, ist es genau das, was passieren soll! Wenn du begreifst, dass Angst immer nur auf einer Einbildung beruht, nimmt dies der Angst den Boden. Das ist dein Geheimgang! Sobald Angst da ist und sie als Einbildung erkannt wird, verliert sie ihre Kraft. Dann hört die Welt auf zu existieren und es bleibt etwas zurück, was völlig unbekannt und doch völlig vertraut ist.

Stell dir ein Leben ohne eingebildete Angst vor. Das ist deine wahre Sehnsucht, so zu leben. Es geht nicht um Glück oder Erleuchtung, es geht nicht um Geld und um Macht. Es geht nur darum, die Angst zu verlieren und damit voll in das Leben einzusteigen.

Das ist alles! Im Sehen und im Glauben, ja sogar im Verstehen, dass diese Angst nur eingebildet ist, duftet zaghaft Vertrauen und es schimmert sachte die Liebe durch.

Es offenbart sich nun die Vollkommenheit des Augenblicks. Darin bist du dann nicht mehr als Person anwesend, noch nicht einmal als Gedanke oder Vorstellung. Darin zeigt sich der Tanz der Existenz. Das Paradoxon der Angst und der Trennung hat sich in etwas Lebendiges aufgelöst! Das Paradoxon, dass du nichts tun kannst und doch alles passiert, ist nicht mehr wichtig, gedacht zu werden. Es ist zu schön und es geht immer tiefer in das Lachen. Immer wieder aufs Neue.

Je mehr Angst anwesend ist und erscheint, umso besser! Umso größer ist das Lachen, das dahintersteckt! Ja, es ist tatsächlich so: Je mehr Angst bei dir erscheint, umso mehr ist das ein Beweis, wie sehr du dich danach sehnst, davon befreit zu werden, weil es an der Zeit ist – und weil du dich unendlich liebst, so zu sein, wie du bist. Es ist das letzte Aufbäumen der Widerstände; die letzte Angst vor der Angst, dass sie nicht mehr da ist!

Vielleicht hilft dir folgendes Bild, um die Angst durchschauen zu können ...

Deine Angst ist das Monster, das vor der Tür wacht, die aus deinem Gefängnis führt. Sie ist offen und helles, warmes Licht schimmert in deine dunkle, nasse Zelle. Das Monster knurrt dich mit verdrehten Augen an und versucht, nach dir zu greifen. Du bist wie gelähmt oder es gelingt dir, dich zu wehren. Du schreist es an oder entscheidest dich, es zu lieben. Doch all das macht es wirklich. Indem du ihm Energie und Aufmerksamkeit gibst, bleibst du wie versteinert auf der Stelle stehen.

Ignoriere das Monster nicht, schau es nicht an, sprich nicht mit ihm - geh einfach zur Tür. So, als wäre es nur eine Fata Morgana. Mehr ist es auch nicht. Du musst es nicht besiegen, nicht mit ihm kämpfen und auch nicht so tun, als ob es nicht da wäre. Du musst dir nicht einreden, dass es nur eine Einbildung ist und somit nicht wirklich. Dann wärst du wieder mit der Angst beschäftigt und glauben wirst du dir selber auch nicht. Wie könntest du dir auch glauben? Wenn du ein Leben lang einer Illusion mehr Vertrauen geschenkt hast als dir selbst?

Du bist unglaubwürdig. Jeder Gedanke ist fragwürdig, den du glaubst, zu denken. Gehe einfach. Gehe einfach los. Was immer du auch glauben magst. Gehe nicht um das Monster herum, sondern direkt mitten hindurch - ohne eine Absicht, ohne eine Hoffnung. Ja genau, geh einfach durch! Lass es da sein! Es kann dir nichts anhaben, es kann dich nicht verletzen, es kann wirklich nichts machen, wenn du dich einfach vorwärts bewegst. Niemals kann es dir etwas antun.

Nur deine Angst vor dem Monster lässt dich auf der Stelle verharren. Beweg dich und lass es hinter dir, trete durch die Tür und dann bist du im Licht. Dort lacht das

Grün der Bäume, unendliche Weiten voller Schönheit und hellen Farben umspielen dich. Spürst du den warmen Wind?

Das Monster hinter dir kann es nicht fassen: so einfach war es? So einfach konnte es besiegt werden? Ah ja, nun erkennt es sich selber! Es ist gar nicht wirklich und dann grunzt es lachend auf und darf endlich in den Monsterhimmel.

Und du? Du stehst im goldenen Licht der Weite. Du musstest nichts tun! Du kannst nichts tun, sondern bist einfach gegangen. Wie? Das weißt du nicht. Du versuchst dich zu erinnern, aber da ist nichts: nur Licht, Weite, Freiheit. Und endlich bist du glaubwürdig. Endlich vertraust du dir selber. Du bist wirklich gegangen und hast mich mitgenommen. Danke!

Sehr nahe

Ich werde dich nicht verlassen, auch wenn die Angst aufhört, zu sein. Gott wird dich nicht verlassen, auch nicht die Welt und das Leben. Es wird dann nur anders sein, anders als alles, was du jemals gesehen und gefühlt hast. Dich wird es dann nicht mehr geben. Vielleicht sprichst du dann zu einer anderen Person als das Universum. Du schreibst oder sagst Dinge, die dich selber überraschen, einfach weil Vertrauen da ist, weil Fantasie die Lebendigkeit ist. Tja und dann? Dann siehst du, dass du zu dir selber sprichst, dass du dir selber schreibst und das Grinsen ist nicht mehr aus deinem Gesicht zu wischen.

Genau das! Genau dieses leichte, kaum wahrnehmbare Lächeln um deinen Mund. Willkommen Zeitlosigkeit!

Nun kommen wir uns immer näher. Stimmt es? Soll ich dich wirklich in Ruhe lassen? Auch wenn ich dich in noch so hohen Tönen lobe?

Aber vielleicht ist es das, was dir genau noch etwas Unbehagen bereitet. Wenn ich dich lobe und dir die Ehre erweise, dass dann alle deine Glaubenssätze ins Wanken kommen und das könnte durchaus Übelkeit verursachen. Bevor die Möglichkeit besteht, dass du dich übergibst, hoffe ich, dass sich die Welt etwas beruhigt … Also ehrlich, die größte Kraft, die alles zusammenhält, die das Leben lebendig macht, die dir Gänsehaut verleiht und deine Seele fliegen lässt, ist die Kraft so zu tun, als ob du eine leere Leinwand sähst – und was passiert? Du schaust hin und findest das nicht so richtig spannend.

Und nun? Schaust du hin und tust so, als ob da ein abgefahrener, geiler Film auftauchte. Mit echten Hochs und Tiefs; mit allem, was das Leben richtig lebenswert macht. Und unser kleines Geheimnis ist, dass wir das schon die ganze Zeit machen.

Wir tun so, als ob ich das Universum wäre und du jemand, der etwas von mir liest. So als ob du jemand wärst, der von der Welt getrennt ist; als ob du keine Macht hättest, keinen Glauben an die Liebe!

Wir tun beide so, als ob das etwas für uns wäre, so, als ob das Versteckspielen Spaß machte.

Wir tun so

Also, wenn wir eh schon so tun als ob, dann können wir es auch richtig machen, oder? Tu doch einfach so, als ob du der geilste Typ von allen Typen der Welt wärst; tu einfach so, als ob du einen direkten Draht zu Gott hättest; tu so, als ob das hier nur ein Traum wäre und du vollkommen das erfährst, was auch immer du erfahren willst. Tu so, als ob es herrlich wäre, eine Abfuhr zu bekommen, wenn du dich mal überwinden, jemanden auf der Straße anzusprechen.

Tu so, als ob du ein egoistischer Holzkopf wärst und dies jedoch vollkommen im Einklang mit dem Rest des Universums stände. Verstehst du? Du machst es doch eh schon. Warum nicht auch ein bisschen mehr Spaß dabei haben? Tu einfach so, als ob du der gesündeste Mensch auf der Welt wärst, obwohl du momentan im Rollstuhl sitzt. Du denkst, dass du das alles nicht kannst, weil das nicht eine authentische Masche, sondern eine Lüge ist.

Ha! Welcher Schmalspur-Idiot hat dir diesen Film eingepflanzt? Tu einfach so, als ob das authentisch wäre. Alles das ist eine Illusion, ist nicht wirklich, ist schon vorbei. Was immer auch der Verstand sich ausdenkt ist eine Lüge über die Wirklichkeit und da kannst du also noch einen draufgeben.

Das Leben pocht voller Aufregung. Wer oder was sagt dann wirklich, dass das alles gelogen ist? Bist du nicht der Maßstab? Vielleicht hast du die Latte nur echt nicht richtig angelegt. Das ist alles.

Tu doch so, als ob das hier deine Gedanken wären. So als würdest du selbst zu dir sprechen und du wolltest dir doch schon immer einmal sagen:

„Ich finde mich gut, einfach genial, super klasse! Diese Vielfalt, die ich widerspiegele, ist eine unendliche Bereicherung für das Universum! Jedes Leben ist wertvoll und ich bin das Leben!“

Dieses wolltest du schon immer zu dir sagen und nun ist es passiert. Was willst du noch mehr?

Ah, ich vergaß: Tu so, als ob dieser Augenblick die reinste Ekstase wäre, weil nichts fehlt und alles schon da ist! Du musst nicht jahrelang in Therapien gehen, keinen Guru aufsuchen, keine Medizin schlucken. Du tust so als ob – und lebst!

In diesem Augenblick fühlst du die Gegenwart und die ist so voller sprudelnder Freude, wenn du ihr erlaubst, zu sein. Tu einfach so, als ob du diese Quelle wärst. Dann brauchst du keinen Beweis mehr! Wir tun so, als ob wir eins wären, als ob weder Unterschied noch Zeit gibt. Das ist einfach so etwas von grenzenlos! Voll der Hammer!

Parallel-Welten

Es scheint in unserem Traum immer mehr Menschen zu geben, jeden Moment werden es mehr! Es stimmt, dass es parallele Welten gibt, unendlich viele, und zwar genau so viele, wie es Menschen gibt. Nur ist das keine mystische Hokuspokus-Geschichte, nein dies ist ganz konkret.

Jeder Mensch lebt in einer Parallel-Welt.

Zwei Menschen begegnen sich. Der eine denkt: Oh wie schön, sie hat mich angelächelt; der andere denkt: Er sollte nicht so komisch schauen, was will diese schräge Gestalt von mir? Derselbe Moment, dieselbe Situation, doch wird sie unterschiedlich wahrgenommen und daher von andersgearteten Gedanken begleitet.

Es haben sich parallele Welten aufgetan, so als würden die beiden Menschen unerreichbar weit weg voneinander sein. Die Möglichkeit, sich jedoch etwas zurufen zu können besteht, aber sie sind füreinander verloren. Die Sehnsucht, sich wirklich zu begegnen und wahrgenommen zu werden, bleibt jedoch bestehen.

Nun gibt es schon mittlerweile mehrere Milliarden Welten. Das ist sogar mir eine Nummer zu groß. Da werde ich schizo, weil es nur mich gibt. Ich verliere einfach den Überblick. Da kann es schon einmal passieren, dass Gedanken bei jemandem auftauchen, die eigentlich für einen anderen bestimmt waren – sehr unangenehm!

Daher noch mal mein Aufruf: Begebe dich aus deiner Parallel-Welt in das, was anwesend ist. Da würde mir ein dicker, schwerer Stein vom Herzen fallen und du würdest das natürlich auch bemerken, weil es dein Stein ist! Und es ist so einfach, so einfach, dass es mir richtig peinlich ist. Die parallele Welt öffnet sich immer mit nur einem Wort: dem Wort „sollte" und – schwupps – bist du drin!

Wenn ein Gedanke auftaucht, wie z. B.: roter Apfelkuchen im blauen Teigmantel, ist das eher etwas, was Spaß macht und zum Spielen einlädt.

Wenn aber dazu der Gedanke erscheint: Ich sollte jetzt nicht an einen roten Apfelkuchen denken und wenn schon, dann „bitte schön" in einem grünen Teigmantel, dann ist der Widerstand aktiviert. Dann scheint etwas nicht richtig zu sein. Das Wurmloch hat sich geöffnet und eine parallele Welt erzeugt. Und das alles nur, weil es ein Wort gibt, dem mehr Bedeutung gegeben wird, als dem Wort „saviedru", das noch nie gedacht wurde.

Daher: Immer, wenn das Wort „sollte" auftaucht, bekommst du die Chance zu erkennen, dass sich Widerstand aktiviert haben könnte. Das Wort kannst du wie ein Kind anschauen. Du weißt nicht, was es bedeutet und schon wird dieser Satz: Ich sollte jetzt nicht an einen roten Apfelkuchen denken und wenn schon, dann „bitte schön" in einem grünen Teigmantel, wieder als das gesehen, was er ist – einfach etwas zum Spielen! Du bist dann wieder mit mir anwesend, wir halten uns. Wir riechen den Kuchen, wir sehen den Teigmantel, wir fühlen die Lust und schmecken die Äpfel. Und wenn uns dann andere Menschen begegnen, ohne ein „sollte" dazwischen, dann wird dieses Erlebnis wieder etwas Unschuldiges, etwas Ekstatisches: sich streicheln, aufeinander reagieren und wahrgenommen werden. Wir erleben uns einfach im selben Universum!

Du nimmst dem Wort „sollte" jedes Mal, wenn es auftaucht, die ganze Energie, weil du es nur als ein Wort erkennst, das weder eine eigene Kraft noch Magie besitzt. Du gabst ihm die Bedeutung und wenn du sie diesem Wort wieder entziehst … wird es dich blitzartig durchfahren: Es ist alles in Ordnung … alles, was da ist, ohne Ausnahme: Ich, das Universum; die Partner; das Fernsehprogramm und sogar der Traum der Existenz.

Nun kannst du noch dem Wort „ich" die Energie nehmen. Zum Beispiel: Ich muss aufwachen, ich will glücklich werden. Was wäre dieser Satz ohne die Bedeutung von „ich"? Es ist auch nur ein Wort: etwas, das als Nichts auftaucht und nichts ist. So wie du jedem Wort die Bedeutung und die Energie gegeben hast, die es für dich hat, kannst du sie ihm auch wieder nehmen! Einfach so – mit einem Fingerschnipp.

Lass aber alle anderen Wörter noch im Bedeutungsvollen, weil du doch nicht alles auf einmal verlieren willst: „Sonnenuntergang, Oma, Blume, Lieblingsessen“. Was sie an Gefühlen auslösen, lass es da sein. Es sind Wörter zum Spielen. Doch die anderen Wörter wie „sollte“ und „ich“ sind auch nichts anderes als die Worte „Stein, Wolke oder Liebe“. Einfach nur extrem aufgeladen mit einer fantastischen Gute-Nacht-Geschichte, die sich Planeten vor dem Einschlafen erzählen.

Wenn du magst, nimm folgende Worte noch in die Bedeutungslosigkeit: „mein“, „mir“, „mich“.

Und echt abgefahren wird es mit den Wörtern „du“, „dein“, „deins“.

Oha, ja was passiert dann? Dann gibt es keine parallele Welt mehr. Dann gibt es nur Begegnung, unmittelbar, rein, unschuldig. Gefühle und Bilder, die wunderschön sind.

Kein Stress mehr, kein irgendwo hinkommen Wollen, kein sich Anlegen mehr mit dem, was du erschaffen hast. Deine Schöpfung wird endlich in Liebe aufgehen können. Sie will geliebt und gesehen werden, als das, was sie ist: Als du selbst! Wir sind wieder am Tanzen!

Berühre mich

Oh ja, wie sehr will ich berührt, gestreichelt und liebkost werden. Aber wie soll das gehen? Es gibt kein anderes Universum, das mich in die Arme nimmt und mir mit den Fingern durch den endlosen Raum fährt. Daher liebe ich es so, „du“ zu sein: zu riechen, zu spüren und zu fühlen. Andere Körper, die dich anfassen, die dich wahrnehmen, die sich mit dir vereinigen wollen.

Dein ganzer Körper schreit nach Berührungen, nach Zärtlichkeit. Nur dann wird auch er endlich glauben können, dass er nicht getrennt ist. Dieses schmerzhafte Gefühl von Trennung ist nicht nur ein spirituelles Phänomen, nein – es ist ganz konkret, hautnah sozusagen. Der Körper, der sich nach seiner Mama sehnt, der in ihren Bauch zurück will, nach ihrem Busen verlangt, nach Wärme und Berührungen. Das hatte irgendwann mal aufgehört und es gab nur noch Zärtlichkeit vom Partner, der nur mit einem ins Bett will. Oder von Masseusen; gekaufte Berührungen, um endlich wieder mal berührt zu werden, oder ein zufälliger Hautkontakt auf einem vollen Konzert oder von einer bezahlten Liebesdienerin. Doch alles das wird den Körper nicht Glauben machen, dass er in diesem Universum sicher und aufgehoben ist, denn hinter jeder dieser Berührungen nimmt er eine Absicht wahr.

Die Körperzellen schreien nach Hautkontakt wie ein Verdurstender nach Wasser. Es ist ein Grundbedürfnis, so wie essen, atmen, trinken. Und wie oft am Tag isst du? Atmest du? Trinkst du? Wie oft wirst du absichtslos berührt, nicht zufällig, sondern wirklich längere Zeit? Wenn der Körper diese Zuwendung nicht bekommt, wird er tatsächlich sterben. Ohne Berührungen wird er jämmerlich vertrocknen. Depressionen und Einsamkeitsgefühle können auftauchen, obwohl das eigentliche Leben vielleicht ganz in Ordnung zu sein scheint.

Kein Arzt der Welt, keine Pille und kein Erleuchtungsseminar können diesen Todeskuss aufhalten. Du bist doch gar nicht getrennt, doch dein Körper ist der Einzige, der noch überzeugt werden muss. Sein Gefühl wird dich immer wieder überschwemmen. Nur wenn er wirklich praktisch erlebt, dass er nicht alleine ist, wird auch er aufgeben müssen. Es reicht nicht, in einer WG zusammenzuleben oder in einem Fußballverein zu sein, nur um sich bei einem Torschuss umarmen zu dürfen. Nein, es braucht Berührungen, absichtslos und ohne Hintergedanken! Wenn du am Verhungern bist, wie willst du dich überzeugen, dass alles nur eine Fantasie ist? Das Verhungern vollkommen, das Leben gut, dass alles perfekt und du liebenswert bist? Nein, all das funktioniert nicht und hat es auch noch nie. Stille deinen Hunger und deinen Durst. Berühre und liebe!

Was würde geschehen, wenn du über die Straße gehst und einfach andere Leute umarmst und fremde Menschen dich berühren? Beim Einkaufen der Verkäufer deine Hand hält? Dein Steuerberater seine Wange an deine Handflächen legt und vor Wonne tief seufzt? Was würde passieren, wenn Soldaten, statt zu kämpfen, ihren Feinden eine Massage geben würden?

Was wäre, wenn du einem Menschen begegnest, den du wunderschön findest und dieser einfach liebevoll anfängt, dein Gesicht zu streicheln?

Ja, der Körper würde langsam kapieren, dass er nicht getrennt, dass er aufgehoben, dass die Welt voller Liebe und Zärtlichkeit ist. Diese ganze Suche nach Erleuchtung, nach Einheit würde lachend von dir abfallen. Du würdest merken, dass es nur ein vorgeschobener Grund war, Yoga zu praktizieren, in der Stille zu meditieren oder tantrische Verrenkungen zu machen: alles Ablenkung von dem, was jetzt genau vor deiner Nase ist. Einfach nur zu berühren und berührt zu werden: deinen Eltern beim Fernsehschauen die Hand zu halten, deinen Partner absichtslos zu streicheln. Das ist die wahre Sehnsucht – und dann würde jedes Gefühl von Trennung wegfallen. Die Körper, die sich als getrennt erleben und auf der Suche sind, um dieses aufzuheben, würden nicht mehr gegeneinander kämpfen müssen.

Wenn dich mal jemand, den du nicht so gut kennst, absichtslos zehn Minuten streichelt oder einfach nur berührt und du dies ganz tief an dich heranlässt, könntest du dir fünf Jahre Therapie ersparen oder das Lesen von zwanzig Büchern über Erleuchtung; geschweige denn fünfzig Jahre meditieren zu müssen, um erleben zu können, dass du mit allem eins bist. Dein Körper müsste sich hingeben; erleben, dass er nicht alleine, sondern willkommen, gewollt und in Sicherheit ist. Seine Zellen würden einfach umprogrammiert werden, einfach so!

Doch damit dies geschehen kann, braucht es viele Berührungen von vielen Menschen, von vielen unterschiedlichen Menschen. Von Leuten, die einem nahestehen und von welchen, die man kaum kennt. Haustiere sind nur ein kleines Trostpflaster und nähren die Illusion, dass Zärtlichkeit vorhanden ist.

Lass uns in diese Freude eintauchen. Lass uns andere berühren, streicheln oder einfach nur ihre Hand halten: absichtslos – um Licht in diese Welt zu bringen. Einfach nur jemandem die Hand auf die Schulter legen, ohne mechanisch zu streicheln – und alle Gefühle hochkommen lassen, die sich dahinter verstecken. Sie werden alle auftauchen: Trauer, Scham, Sehnsucht, Begierde, Lust, Freude, Hoffnung, Schmerz. Alles wird auftauchen, weil das Leben wieder in Bewegung ist. Doch nun kannst du dich in die Berührung fallen lassen und verkrustete Knoten lösen sich auf. Das Leben fließt wieder. Du trinkst es. Berühre jeden Tag ein bisschen mehr, jeden Tag ein bisschen länger. Gleichgültig, ob derjenige gleichgeschlechtlich ist oder nicht oder ob es jemand ist, der unattraktiv ist, der nicht in dein normales Beuteschema fällt. Ob alt oder jung, dick, dünn, krank oder gesund. Unabhängig davon, dass du glaubst, tausend Tode sterben zu müssen oder dass alle Bestien über dich herfallen werden, um dir die Kleider vom Leib zu reißen.

Wahrscheinlich passiert nichts von alle dem. Vielleicht passiert einfach nur, dass in dir ein kleines Glücksgefühl entsteht und du einfach nicht weißt, warum du den ganzen Tag so grinsen musst. Und wenn dich die Dunkelheit wieder überrennt, bitte einfach einen fremden Menschen auf der Parkbank, deine Hand zu halten. Oder ruf ein paar Freunde an und trefft euch ganz spontan. Einfach nur mit jemandem zusammen liegen und den Kopf auf den Bauch des anderen legen.

Du brauchst keine Pillen und auch nicht den Segen Gottes, du brauchst nur dich selbst, der einen mutigen Schritt macht. Denk daran, ich bin bei dir, verkleidet als der andere Mensch. Ich bin einfach ich selbst, derjenige, der Lust verspürt, sich selbst zu berühren. Und wenn ich heute mal keine Lust habe, werde ich es dir einfach sagen. Keine Angst, da bin ich ganz ehrlich zu mir.

Der Schutz

Du hast dich wahrscheinlich schon immer gefragt, woher wir wissen, welche Gedanken zu den einzelnen Figuren gehören und zu ihnen passen.

Ja, nun ist das Geheimnis gelüftet. Wir haben etwas Geniales gemacht. Wir haben bei ein paar Gedanken eine Art energetischen Schutz darüber gelegt. Das funktioniert so: Sobald ein kleiner Widerstand gegen einen Gedanken entsteht, wird der Schutz aktiviert. Diese Aufladung zieht immer wieder dieselben Gedanken an, ohne dass ich oder du etwas tun kannst oder auch musst! Das arbeitet ganz alleine! Ist das nicht herrlich? Sonst würde die Figur verrückt werden, wenn sie ständig einen neuen Gedanken hat, den sie noch nie gedacht hat; das wäre Wahnsinn pur.

In der Zeitlosigkeit gibt es eine energetische Aufladung oder auch Schutz eines Gedankens, durch Widerstand. Dadurch erscheinen die Zeit und weitere ähnliche Gedanken, die uns vortäuschen, dass es Zeit und einen Weg gibt.

Ach, wie herrlich und wunderschön. Jetzt hast du wahrscheinlich durchschaut, dass die Figur niemals einen Gedanken loslassen oder verändern kann, auch wenn diese sich ähnelnden Gedanken nerven, nerven und nochmals nerven. Das erinnert an eine Schallplatte, die einen Sprung hat und sich ständig wiederholt.

Und nun das Ulkige: Weil manche Figuren diesem Widerstand keine Beachtung schenken, wiederholen die Gedanken sich immer wieder in ähnlicher Form und verlängern somit die scheinbare Zeit. Oft wird der Widerstand sogar größer und dann bleiben die Gedanken richtig kleben.

Natürlich, wenn die Figur die Nase voll hat von diesem energetischen Schutz, dann kann sie da auch nichts daran ändern und – äh – wir natürlich auch nicht. Sorry, aber das ist nicht unsere Aufgabe, das Ding kam von uns selber als Schutz!

Aber einen kleinen Trick kann ich dir verraten: Ich liebe nämlich Zauberei und schummeln kann ich einfach richtig gut ...

In dem Moment, in dem der Widerstand erscheint und dieser von uns gesehen wird, als das, was er ist, wird ihm die Energie entzogen. Dann können wir einfach mit ihm aufhören. Der Widerstand existiert nicht mehr. Es ist unsere Entscheidung. Dann bist nicht mehr du der, der glaubt, die Figur zu sein – sondern es ist nur etwas, was auftaucht. Es zeigt sich dann diese Unendlichkeit: dass alles schon passiert ist. Die Zeit hört auf – Kampf und Anstrengung auch. In dem Moment folgen keine ähnlichen Gedanken. Sie sind so durcheinander, dass sie sich erst einmal sammeln müssen, um erneut einen Angriff zu wagen. Doch das ist der große Moment der Gnade: Zu sehen, dass alles schon Ozean ist und immer war und sein wird. Probiere es aus! Lass jeden Widerstand der Figur gegen bestimmte Gedanken oder auch Gefühle einfach fallen. Immer und immer wieder. Und das nur jetzt!

Dann erscheinen neue Gedanken und auch Gefühle, die die Figur nie für möglich gehalten hat und endlich werden sie in der Zeitlosigkeit gezeigt.

Wenn sie in dieser Spontanität wahrgenommen werden, dann können wir endlich auch wieder mitmischen! In diesem Impuls der Lebendigkeit sind auch wir zu Hause. Das ist unsere Sehnsucht: Es zu sein und zu leben. Dann wird die Figur mit Dankbarkeit und einer Liebe von uns überschüttet werden, die wir sehr sehr lange zurückgehalten haben.

Meistens erscheint der energetische Schutz dann wieder und zieht nochmals die gleichen Gedanken an und es sieht so aus, als hätte man sich wieder in der Zeit verloren – und dann? Kann es sein, dass man das wiedersieht und – bäng – findet man sich wieder in der Zeitlosigkeit, in der Gnade. Oder besser gesagt, hat man als „Spielverderber“ diesen Schutz ausgehebelt und das kann ziemlich oft passieren. Zeit und Zeitlosigkeit wechseln sich ab, doch irgendwann wird dieser Schutz schwächer und schwächer und ähnlich geartete Gedanken tauchen einfach nicht mehr auf. Es ist auch nicht mehr wichtig, ob sie erscheinen oder nicht, weil der Schutz einfach durchschaut wurde. Ja, dann wird die Figur endlich frei, das zu sein, was wir jetzt sind: Etwas, das jeden Moment neu erscheint, sich ausdrückt, spontan und impulsiv lebt, weil es schon längst zu Hause ist.

Hört sich doch gut an, oder? Statt immer wieder das Gleiche zu erleben, das die Figur ständig verändern will.

Und ehrlich gesagt ist es ganz einfach. Schwierig war es, diesen energetischen Schutz aufzubauen und eine Zeit zu erschaffen, die es gar nicht gibt – und dies für jeden anders erscheinen zu lassen. Alles agiert miteinander und erschafft sich heimlich neu, aber es darf bloß keiner mitkriegen. Das war und ist eine schwierige Nummer! Aber das, was wirklich ist und wieder durchschimmert, ist so etwas von einfach.

Die Frage ist halt, ob wir schon Lust darauf haben, das zu durchschauen und es in Kauf nehmen, dass wir uns selber als großen Spielverderber ansehen, mit dem die Schöpfung nie wieder spielen will! Das ist doch unsere große Angst: hinausgeworfen zu werden aus dem Kreis der Lieben und Tollen und ganz alleine dazustehen. Aber mal ehrlich, ich habe in all den unendlichen Jahren noch nie und auch niemals nur in einer Sekunde erlebt, dass wir so unfair sind – und ganz ehrlich, gehört zu diesem Spiel auch dazu, dass man aussteigt und die Zeit einfach Zeit sein lässt.

Spaß und Freude

Du merkst langsam, es geht eigentlich nur darum, dass du Spaß und Freude hast. Das du dich voll lebendig fühlst. Das ist dein Geburtsrecht. Du denkst zwar, dass du weißt, wie dieses aussehen sollte, und daher liebst du es, den Wünschen deiner Persönlichkeit nachzugeben, um genau dies zu erreichen. Doch Spaß und Freude sind unabhängig von dem, was du glaubst, besitzen zu können. Es ist tiefer und viel elementarer als alles, was du dir jemals vorstellen kannst. Es ist schon das, was an Gefühlen und Gedanken da ist, auch was an Misserfolg und Traurigkeit sich offenbart. Daran müsste nichts geändert werden, außer, du willst noch das Gefühl der Trennung haben.

Dieses tut weh! Und es ist herrlich! Weil es da ist! Gedanken umkreisen diese Leere und rufen ein Sehnen hervor. Wenn es wirklich so ist, dass alles genau das ist, was sein soll, ja dann kannst du auch etwas Spaß und Freude mit deiner Persönlichkeit haben. Wenn sie ein Eis will und glaubt, dadurch ein erfülltes Leben zu haben, ist doch prima! Du bist so unschuldig mit deinen Wünschen, so zaghaft und voller Licht.

Manchmal ist mir das nicht genug. Da will ich, dass du so richtig auf die Pauke haust. Es ist doch alles da, was immer auch erscheint! Und dieses ist voller

Vielfalt und Möglichkeiten. Es ist alles, was es gibt! Warum nicht mit vollen Händen hineingreifen und ein schiefes Grinsen aufsetzen?

Ich bin doch bei dir!

Was soll dir schon passieren?

Vielleicht würdest du erkennen, dass meine Gedanken die deinen sind – aber was wäre daran denn wirklich so schlimm? Du würdest keinen Verrat an der Schöpfung begehen. Du würdest nicht alles aus den Fugen heben, nur weil es dir gut geht oder du sogar das Leben durchschaust. Genau das ist doch auch das Spiel!

Daher mein gut gemeinter Rat: Bade in der Existenz und mach eine richtige Schaumparty daraus. Und ich will dich langweilen. Es ist schon alles passiert: Du kannst keinen Fehler begehen und hast es auch noch nie gemacht. Versage! Verliere! Und dann genieße es, weil du dann mehr in einer sogenannten Realität bist als in der Angst davor, dass so etwas passieren könnte.

Du bist das größte egoistische Wesen, das ich jemals kennengelernt habe. Warum so tun, als ob du es nicht wärst? Lass die Sau raus! Es gibt nichts, was falsch sein, was in die Hose gehen könnte. Sei egoistisch! Iss etwas, atme, fühle, denke und liebe diesen Egoismus.

Lebe alles aus, was in dir ist, denn sonst hast du nicht wirklich alles gegeben. Auch wenn es sich als anstrengend für andere herausstellt, diese können dann immer noch auf dich reagieren. Du kannst nicht fehlgeleitet werden. All das ist schon im bereits existierenden Drehbuch enthalten. Daher lass die Sau endlich raus!

Die Angst, die dich glauben lässt, dass du dann ein nicht sozialfähiges, lebenswertes Wesen wärst, das andere verletzt und nur an sich denkt, ist genau das, was dich daran hindert, ein sozialfähiges, lebenswertes Wesen voller Mitgefühl zu sein.

Welche Träume hast du?

Was willst du leben? Und wenn du dienen und dein Ich an die Wand werfen willst, dann mach auch das.

Es ist alles erlaubt! Du glaubst nur, dass es Grenzen gibt! Diese werden aber nicht von irgendeiner anderen Macht aufgestellt und du wirst an ihnen zerplatzen – nein, sie sind einfach nicht da, wenn du in diesem Moment hineinstürmst!

Es kann nicht passieren, sonst würde es bedeuten, dass Gott ein Versager und ein Verlierer ist, und glaub mir, das ist er wirklich nicht. Er liebt es zu spielen, ist aber auch ein Sicherheitsfanatiker, dass nicht wirklich etwas passieren darf, was er nicht unter Kontrolle hat.

Er ist ein echter Freak. Vielleicht noch schlimmer als wir, aber dahinter steckt auch seine unendliche Liebe, in der auch Schmerzen sein dürfen. Jedoch ist da niemand, dem sie wirklich passieren. Jede Bewegung, jeder Atemzug ist so, wie er sein sollte. Sogar, dass du vielleicht niemals aufwachst oder glücklich wirst, ist einmalig und genau das, was passieren soll. Außer, es passiert etwas anderes.

Wenn du das ein bisschen spürst, dann nimmt das ziemlich den Druck heraus, in dieser Lebensspanne ein Leben zu haben, das erpresst wird. Es passiert. Genau im richtigen Tempo. Genau zur richtigen Zeit. Du kannst nicht etwas beschleunigen, was sich gar nicht in Bewegung befindet. Daher lass uns einen Cocktail bestellen und mit den nackten Zehen den Sand fühlen.

Spürst du den Wind?

Spürst du das Herz schlagen?

Spürst du darin die Liebe Gottes?

Und wenn dir das mit dem Leben so langsam reicht, hey, dann habe ich wohl tiefes Verständnis dafür.

Spürst du meine Hand auf deinem Kopf? Siehst du deine Füße in der Zeit? Und dazwischen bist du!

Alles das, was den Raum zusammenhält, alles das, was in die Leere entschwindet; Sterne, die explodieren und wieder gebären.

Ach, ich liebe es, dramatisch zu werden! Wenn es das nicht gäbe, müsste ich es wirklich noch einmal erfinden. Wir sind einfach das beste Team, das die Gegenwart jemals gesehen hat und jetzt kann ich es dir sagen: Gott ist tot! Weil er nie lebendig war, so wie du es dir gedacht hattest.

Wir befinden uns außerhalb von Begriffen, erst da fängt es zu kribbeln an und eine Gänsehaut zu hinterlassen.

Gott, du, ich … alles nur ein kleines Echo von Wörtern, die aus nicht mehr als vier Buchstaben bestehen. In diesen paar Buchstaben befindet sich nichts, noch nicht einmal die kleinste Bedeutung.

Ich denke, ich muss jetzt einmal verschnaufen, denn wenn ich noch nicht mal mehr an die Bedeutung von Wörtern glaube, dann hört wirklich alles auf zu existieren.

Uhhhh, wie gruselig!

Fantastische Fantasten

Manchmal fragst du dich vielleicht, wo dieses ganze Kreative eigentlich herkommt. Ja, diese ganze Welt, diese Milliarden von Unterschieden, diese unendliche Vielfalt, dieser unbegrenzte Spielplatz! Und da kann es nur eine Antwort geben. Du ahnst sie wahrscheinlich schon, dein Herz pocht und deine Venen vibrieren. Du ahnst diese Größe, diese Macht. Ja, die Antwort ist: Fantasie!

Wir sind diese Fantasten, die sich an die Hand genommen haben und in das Nichts springen. Wir lassen uns fressen mit Haut und Haar. Nichts bleibt übrig; nichts, was verändert werden könnte. Fantasie! Du glaubst, du hast keine? Na, dann schau dich mal um! Das wird dich vielleicht umhauen: Du schaust dir selbst ins Gesicht und streichelst dich mit Fantasie, liebkost deine Konturen, fühlst deine Grenzen, nimmst zärtlich dein Herz in die Hand und wirfst es in die Luft! Und siehe, es fängt an zu fliegen. Es fliegt durch die Wolken und schlägt Purzelbäume.

Ich liebe Fantasie! Ohne Fantasie würde es uns nicht geben. Nichts, da wäre nichts! Dieses Nichts liebe ich natürlich als geiles Universum auch, aber auf Dauer ist da einfach echt – äääh – nichts. Daher lass dich nochmal so richtig knuddeln. Knuddel, knuddel …

Während wir uns knuddeln und ich dich richtig fest halte, lass mich dir noch eine Kleinigkeit ins Ohr flüstern:

Kein Gedanke ist wahr! Kein Gefühl, keine Erscheinung! Nichts, woran du jemals geglaubt hast, ist wahr. Alles erscheint in der Fantasie und vergeht – wie in einem Traum. Und das, was erscheint, ist das Einzige, was wahr ist! Daher nutze deine unglaubliche Kraft! Gebe dich Tagträumen hin und lass sie mich führen. Ganz gleich, welches Problem du auch immer haben magst oder was sonst in deinem Leben nicht zu stimmen scheint. Es ist nicht wahr!

Nimm dieses Problem und begib dich auf eine Fantasiereise. Sehe es, spüre es, kleide es in Bilder und dann lass dich so lange von mir lenken, bis es sich verwandelt, bis du in Liebe schwimmst; bis z. B. das Bild eines Zwerges, der für deine Probleme steht und frierend in der Dunkelheit vor sich hin wimmert, lachend im Gold schwimmt und sich erfreut. Das ist genauso wirklich! Es gibt keinen Unterschied zwischen dem, was du jetzt erschaffst und fühlst, und dem, woran du glaubst, dass es um dich herum in der sogenannten Realität passiert. Das ist einfach ein gutes Märchen.

Wenn du glaubst, krank zu sein, schließe deine Augen und stelle dir vor, wie du gesund durch die Luft springst und sich diese Krankheit auflöst und verwandelt. Das Monster wird zu einem kleinen Kind, das nur gestreichelt werden will. Lass dich führen! Gebe dich der Fantasie hin! Ich nehme dich bei der Hand und geleite dich durch die Dunkelheit.

Nehme konkret etwas, was dich jetzt belastet, was du momentan wirklich fühlst: eine Anspannung, einen Schmerz, eine Angst, einen Druck in der Herzgegend. Was immer es auch ist, es muss jetzt anwesend sein. Kein Gedanke, sondern wirklich etwas, was belastend wahrnehmbar ist.

Hast du etwas? Ah ja, da ist etwas. Ich spüre es. Es ist schwer und tut weh. Es sollte nicht da sein, denn ohne es wäre dein Leben schöner und angenehmer. Du hast natürlich recht.

Schließe gleich deine Augen, nehme dies, was nicht da sein sollte, und lass dich in der Fantasie führen. Kleide es in ein Bild. Wähle z. B. diesen Druck und sehe ihn als schwarze Kugel, als stacheligen Dorn oder Ähnliches. Fühle ihn, sehe ihn und dann verwandle ihn mit mir gemeinsam in etwas Freundliches, Luftiges, Liebevolles. Sehe die Bilder. Erkenne, wie der Dorn sich verwandelt, grüne Blätter sprießen aus ihm, Licht durchdringt seine Adern. Fühle und sehe das. Der Dorn verwandelt sich in etwas Leichtes und Schönes. Deiner Fantasie sind keine Grenzen gesetzt, alles ist möglich. Jungfrauen oder Jungmänner halten diesen Dorn, der sich in eine fruchtbare Pflanze verwandelt hat, in die Höhe! Sie singen und brummen wunderschöne Lieder und setzen die Pflanze in fruchtbare, feuchte Erde. Riechst du sie? Alles ist möglich!

Mach die Reise – gehe in die Fülle. Schließe jetzt deine Augen.

Pause

Wenn du dann die Augen aufmachst und wieder die graue Stadt, Krankheit und Leid siehst, ist dies ein weiteres fantastisches Bild, das jetzt erscheint. Du hältst es nur für wirklicher, als eben noch am Strand spazieren zu gehen und währenddessen die Luft, den Sand, die Sonne und das Glück zu spüren. Was ist wirklicher, was ist wahrer? Ist nicht das, was du fühlst, die einzige messbare Wahrheit? Und eigentlich auch das Einzige, was uns interessiert? Dich – und mich sowieso?

Spiele daher jeden Tag mit deiner Fantasie, erschaffe dir eine andere Welt: voller neuer Gefühle und Probleme, die sich auflösen. Diese Fantasie ist genauso wirklich wie der schwarze Dorn. Auch diesen erschaffst du. Doch du bist es leid, dass sich dieses eine Bild immer wiederholt. Du erschaffst jeden Tag sowieso schon eine Welt voller Schwierigkeiten, Leid und Kummer. Das kostet Kraft und Energie. Daher ändere es!

Schließe deine Augen, sehe dich in der Fülle; sehe, wie sich jeder Widerstand auflöst, wie du lachst und grinst über deine Bedenken, dass es Probleme geben könnte. Du kicherst bei dem Gedanken, dass es einen Weg gibt und ein Ziel, das du erreichen musst. Du bist bereit, die Fülle des Kreativen zu erfahren, und erschaffst einfach etwas Neues. Das kannst du machen, jederzeit, in jedem Moment, wenn da wirklich etwas ist, was nicht da sein sollte! Etwas, was wehtut! Und dann siehst du den Druck, der sich offenbart hat, nicht als Dorn, sondern als fruchtbare Pflanze. Du spürst ihn, er darf da sein, er muss nicht mehr bekämpft werden. Alles hat sich verwandelt. Dann bist du Freiheit, da du nicht mehr glaubst, dieser Dorn zu sein. Es ist eine Erscheinung, die in dir erscheint!

Dann wirst du gelassener mit Situationen, die dich in weniger freudige Zeiten führen, umgehen können. Es geht dann gar nicht mehr um die Situation an sich, sondern nur darum, welche Empfindungen sie in dir auslöst. Das ist auch der Grund, warum ich Filme, Bücher oder Gute-Nacht-Geschichten so liebe.

Nur Bilder, nur Wörter und zu wissen, dass es weiter nichts als eine Illusion ist. Doch wird trotzdem geweint, gelacht und sich gegruselt! Das, was scheinbar erlebt wird, empfinden wir in dieser Welt als wirklich. Das, was erlebt wird, ist die Essenz des Lebens, obwohl wir beide wissen, dass es nur eine ausgedachte Geschichte ist. Und trotzdem entstehen Gefühle, die wahrnehmbar sind.

Fantastisch, oder?

Gibt es wirklich einen Unterschied zu der Welt?

Ah, da manifestiert sich ein kleiner Schmerz und diese Worte hinterlassen eine Enge.

Ja, das kann ich verstehen. Du spürst deine Macht und dabei hat etwas in dir dies verurteilt. Wenn das stimmt, dass du alles bist, mit mir zusammen Ringelreihen spielst und wir uns ungetrennt an der Schöpfung erfreuen, warum erscheint dann alles so schwer, so tragisch, so voller Probleme zu sein?

Du ahnst es jetzt und hast es schon immer geahnt, dass du alles erschaffen hast. Aber es schmerzt dich, dass dadurch auch Gräueltaten auftauchen und Unmenschliches entsteht: dass dein Leben voller Probleme ist, du vielleicht zu wenig Geld hast oder dich nicht lieben kannst.

Du ahnst diesen Flügelschlag der Gratwanderung. Und natürlich gibt es Gedanken, die dich dafür hassen, dass du auch so etwas erschaffen kannst und nicht nur eine Welt voller liebender Menschen und glücklicher Gesichter. Eine Welt, in der du jeden Morgen mit Freude aufstehst, gesund bist und liebevoll das Leben einatmest.

Du spürst diesen Schmerz der Schöpfung und irgendwo, auf irgendeiner Ebene, verurteilst du dich für diese Grausamkeit – dir und der Welt gegenüber. Daher ist jede Gewalt, die du siehst, und jedes Kritisieren deines Selbst ein weiterer Beweis, wie lieblos du eigentlich bist. Und letztendlich hasst du dich dafür, die dir gegebene Verantwortung so mies eingesetzt zu haben.

Spürst du dieses Verurteilen? Diesen Widerstand? Diese Abneigung gegen dich selbst?

Doch das sind nur einzelne Gedanken, die dir dieses vorgaukeln wollen. Du bist gar nicht so schlimm, wie du immer dachtest. Du bist nicht das Böse dieser Welt. Es entstand nur durch einen falschen Blickwinkel. Lass uns diesen zurechtrücken!

Wenn du nachts im Bett träumst und am nächsten Morgen aufwachst, wirst du dich nicht dafür hassen, dass du einen Albtraum hattest. Du wirst dich nicht verurteilen, weil andere Menschen in deinem Traum Schmerz fühlten.

Du wirst dich nicht verabscheuen, dass du eine Welt erschaffen hast, in der so viel Leid existiert, denn du weißt, dass das alles nicht wirklich passiert ist. Niemand konnte verletzt werden, niemand hatte Schuld.

Wenn du einem Kind die Macht geben würdest: „Kind, spiele ein Spiel! Es darf alles passieren und alles ist willkommen. Und du, liebes Kind, wirst wissen, dass niemand verletzt werden kann, nichts eine Konsequenz hat und dass, was du bist, frei von allem ist, was in diesem Spiel erscheint."

Ja, dann würde das Kind mit seiner Fantasie Sachen erschaffen, die nicht von vornherein verurteilt werden. Es würde alles erlaubt sein, weil nichts wirklich ist. Es würden einfach Dinge erscheinen, wie z.B. ein Regenbogen, auf dem das Kind reitet; ein Löwe, der eine Gazelle jagt; Kinder, die sich gemein verhalten, und andere, die voller Mitgefühl sind.

Alles wäre erlaubt, denn nichts kann die Liebe stören, die hinter allem liegt: Die Liebe, in der nichts verletzt werden kann; die Liebe, in der das Kind geborgen ist.

Nun sind wir diese Kinder, die erschaffen. Jedoch verurteilen wir uns dafür, dass wir genau dieses hervorgebracht haben.

Wir haben sogar in diesem Schöpfungsprozess geplant, dass wir vergessen werden, dass alles nur ein Traum ist und niemand verletzt werden kann.

Spürst du die Befreiung?

Du brauchst dir nicht zu vergeben, dass du eine Welt voller Leid erschaffen hast. Du brauchst dir nicht zu vergeben, dass du dir so viele Probleme aufgeladen hast und dein Leben schwer und tragisch erscheint.

Denn das alles ist nicht wirklich. Nur die Fantasie spielt und nichts davon verurteilt sie. Sie konnte und wollte nicht zwischen Gut und Böse entscheiden. Der Maler hat einen Pinsel in die Hand genommen und ein Bild gemalt: ohne Konzept, ohne Wissen, ohne Gedanken, ohne Verurteilung.

Der Albtraum hört sofort auf, ein Albtraum zu sein, wenn du erkennst, dass es nur ein Traum ist. Und sogar dies wird im Traum erschaffen!

Auf einmal fängst du an, mit den Monstern zu kuscheln. Deinen Feinden schenkst du Blumen und einem Freund knallst du eine – weil es passiert!

Alles ist möglich! Der Vorsatz, zu vergessen, dass du träumst, ist genial! Dies ist der beste Schachzug und somit der liebevollste Akt dir selbst gegenüber! Denn du kannst dieses nur erschaffen, wenn schon immer klar ist, dass wirklich nichts passieren kann. Du kannst dir nie jemals wehtun oder jemand anderen verletzen.

Das ist die Liebe! Das ist so unendlich liebevoll!

Es kann passieren, dass du im Traum jemand begegnest, der dich scheinbar daran erinnert, dass alles nur ein Traum ist.

Auch diesen hast du erschaffen! Du wolltest genau zu diesem Zeitpunkt diese Worte hören. Jetzt ist der Augenblick, dies zu spüren und zu leben.

Du hast diese Worte erschaffen! Falle in deine unendliche Liebe.

Du willst dieses JETZT hören.

Du bist bereit dafür!

Im Traum erscheint eine Figur, die sich zur Aufgabe gemacht hat, diese Gedanken einer anderen Figur zugängig zu machen! Sie sagt es nicht dem, der alles erschafft. Sie sagt es einer anderen Traumfigur.

Doch diese ist auch nur eine Gestalt in der Illusion.

Das, was den Traum sieht und in dem der Traum erscheint, ist alles, was es gibt.

Also sind diese Worte hier nicht an die Figur gerichtet, die dies hier gerade liest. Sie erscheinen in dem, das alles wahrnimmt und in dem sich alles zeigt.

Spürst du den Druck in der Herzgegend?

Du fühlst die Trauer, den Hass und Widerstand der Figur. Doch diese dürfen sich nun auflösen, da die Figur niemals für irgendetwas verantwortlich war, nie jemandem etwas Böses zugefügt hat, nie sich selbst gegenüber gemein war und nur eine Figur ist, die eben mal für eine Zeit lang aufgetaucht ist.

Das innere Weinen der Figur erscheint, weil die Liebe sich einen Weg bahnt. Es sind keine Tränen, es ist die Befreiung: zu sehen, dass alles schon frei ist.

Spürst du es?

Ahnst du es?

Und ich spreche nicht mit der Figur!

Ich spreche mit mir selbst.

Aber das wusstest du ja schon immer! ^^

Kritik

Wir lieben Erfahrungen! Wir lieben es, herausgefordert zu werden; besonders dann, wenn nichts passieren kann.

Kennst du unseren Lieblingserfahrung? Es ist die Kritik! Wenn wir kritisiert werden, am liebsten von jemandem, den wir lieben und dem wir unser ganzes Leben anvertraut haben, dann gehen die Alarmglocken an! Ein Schrei folgt. Ein Schrei nach Freiheit und hinein in die Sehnsucht, dass wir mehr sind als das, woran wir selbst geglaubt haben.

Es stimmt: Wir schlagen nicht um uns, weil wir kritisiert werden und dadurch etwas aufgedeckt werden könnte, was wir immer in der Schublade des Vergessens halten wollten. Nein, wir schlagen in diesem Moment um uns, weil wir spüren, dass wir nur auf eine Winzigkeit reduziert werden. Auf nur einen Gedanken oder nur ein Gefühl. Das ist alles. Wir sind in diesem Moment nur noch dieser kleine, begrenzte Punkt. Das tut weh! Das ist der unglaubliche Schmerz, zu spüren, dass wir uns in diesem Moment von der Vielfalt und der Unendlichkeit, die wir wirklich sind, auf dieses „kleine Etwas“ begrenzt haben.

In diesem Moment der Kritik haben wir vergessen, dass wir die Ganzheit und das Göttliche sind – und es öffnet sich ein Mund, unser Mund, und kritisiert. Einfach weil wir nicht die Möglichkeit ergreifen, uns zu sagen, wie schön wir sind. Das würden wir sowieso nicht glauben. Jedoch dem Schmerz der Kritik, dem glauben wir. Ja – und dann spüren wir wieder die Trennung!

Aber diese Erfahrung an sich ist nicht das Problem, sondern, dass es sich von dem, was du wirklich bist, auf diesen einen Punkt reduziert hat.

Doch wenn der „Raum aufmacht – dass wir alles sind was erscheint“, gibt es keine Trennung. Denn du bist auch das Sehen, das Wahrnehmen, das Hören eines Vogelgezwitschers, das Fühlen der Unendlichkeit, das Blinzeln der Augen, diese körperliche Empfindung, dieses Sehen eines Buches, die Stimme im Kopf, das Lachen von Kindern, das Hören von Stimmen, das Gefühl der Erleichterung, die Tränen der Wut und die Sonnenstrahlen, die deine Haut kitzeln und erwärmen. Und da – ein neues Gefühl! Und da – ein neuer Gedanke! Und da – ein neues Hören! Und da – ein neuer Atemzug!

Wenn du das alles wahrnimmst, wie ernsthaft kann das auch nur für eine Millisekunde von dir getrennt sein? Wie kann irgendetwas nicht zu dem gehören, was du bist? Denn alles wird von dir wahrgenommen!

Kannst du wirklich widerlegen, dass es anders ist?

Und wer hat dir, nur um eine Identität zu haben, gesagt, dass ein Gefühl oder ein Gedanke einen höheren Stellenwert hat als der kühle Geschmack der Milch, die dir die Kehle runterrinnt?

Ich kann mich nicht erinnern, dass ich dir das jemals gesagt habe. Und außer mir gibt es sonst nichts!

Wo fängt der „Gedanke“ an? Bei welchem Ding hört er auf? Wo erklingt er? Wo endet das Echo?

Denke einen Gedanken und versuche, in ihm eine Trennung zu finden.

Höre ein Geräusch und versuche, in ihm eine Trennung zu finden.

Fühle ein Gefühl und versuche, in ihm eine Trennung zu finden.

Was hast du gefunden?

Vielleicht bleibt nur ein Staunen zurück, was das jetzt eigentlich ist, oder?

Mein Herz verglüht in diesem Moment mit jedem Gedanken, der bei dir auftaucht. Pochende Unendlichkeit in jedem Gefühl und in jedem Geräusch, das sich nun zeigt.

Sobald etwas erscheint, ist es schon Einheit; sobald du fühlst, bist du schon zu Hause; sobald du denkst, bist du schon das Universum!

Das, was du bist, ist nicht auf ein Gefühl reduziert und sei es noch so schön oder schrecklich – und das, was du bist, ist nicht auf einen Gedanken reduziert und sei er noch so schön oder schrecklich.

Und wenn alles gleichwertig ist – jeder Gedanke, jedes Gefühl und jedes Wahrgenommene und nichts einen besonderen Status als etwas anderes hat, dann ist nur noch Liebe für alles – ohne Ausnahme – da.

Aus allen Möglichkeiten, aus allem, was erscheinen konnte, bist du genau das, was du jetzt bist: Du bist schon unendliche Freiheit! Nichts dürfte fehlen! Du bist vollkommen „du“ in allem, was auftaucht. Du bist das Leben selbst, das erscheint; du bist der absolute kreative Ausdruck. Einfach, weil wir beide es so wollen. Das ist Freiheit.

Wenn du das siehst, schmeckst und tief einatmest, dann kann sich auch jetzt etwas völlig Neues zeigen. Etwas völlig anderes als das, was du jemals auch nur ansatzweise hättest denken können. Wenn du schon alles bist, dann brauchst du auch an nichts mehr festhalten, nur um dir zu beweisen, dass du irgendwann Freiheit wärst.

Die Freiheit liegt in dir, so wie du jetzt erscheinst, wie du gehst, wie du denkst, wie du die Nase rümpfst, wie du dich im Spiegel siehst. Wenn es nicht so wäre, würde sich jetzt etwas völlig anderes zeigen. Und nun, mit diesem süßen Geschmack auf der Zunge, kann und darf alles da sein:

Sogar Entspannung, sogar wenn gerade Glück entsteht und Erleichterung, sogar wenn gerade Aufwachen geschieht, sogar wenn sich nun die unendliche Liebe Gottes zeigt.

Einfach jetzt - warum nicht?

Sollen wir?

Warum eigentlich nicht!

Ein Klatsch-Bild

Weil ich Bilder so liebe und es eigentlich nur Bilder gibt, schicke ich dir noch ein anderes!

Schau dir deine beiden Hände an.

Nun klatsche mit der rechten Hand fest auf die linke. „Aua, das hat wehgetan!“ Tu es noch einmal, diesmal fester! Die rechte Hand haut die linke! Und noch einmal! Jaaa! Aua!

Nun wäre es doch witzig zu sagen, die linke Hand sei das Opfer und die rechte der Täter! Die rechte Hand sollte sich bei der linken entschuldigen. Aber diese ist eingeschnappt und wütend auf die rechte. Sie denkt, es hätte etwas mit ihrer Vergangenheit zu tun, z. B. einem Trauma aus der Kindheit. Ach, was man sich nicht alles einfallen lassen kann.

Doch du, der die beiden Hände sieht, weiß, dass es Unsinn wäre, so etwas zu denken. Es wäre sogar recht humorvoll, wenn die Hände solche Gedanken hätten.

Aber wenn du genau hinschaust, ist es einfach passiert: Es hat wehgetan! Da ist ein Schmerz – das ist alles. Und keine Hand hat alleine gehandelt. Sie waren eingebettet in das, was ist; was beide Hände gelenkt hat.

Wenn man nun den beiden Händen Kleider überstreifen würde und nur dieser Ausschnitt zu sehen wäre, würden sich die Zuschauer darüber köstlich amüsieren. So wie es im Kasperletheater geschieht, wenn der Kasper den Polizisten mit einem Knüppel bearbeitet. Wenn der Polizist dies jedoch persönlich nimmt, verwandelt sich das Vergnügen in ein Drama.

Eigentlich ist jedes Drama nur ein Ausdruck, dass etwas Unpersönliches persönlich genommen wurde. Wenn dieses nicht geschehen würde, könnte dir irgendjemand eine Gemeinheit zurufen oder deine Frau dich verlassen und dies würde eingebettet sein in alles, was erscheint. Sobald dann der Gedanke „Uh, das hat jetzt echt etwas mit mir zu tun" ernst genommen wird, beginnst du sofort zu leiden.

Wenn also etwas persönlich genommen wird, zeigt sich die Idee von Abgrenzung – eine Abgrenzung zu dem Allumfassenden. Jedoch hat einfach alles, was geschieht, nur mit der Figur Kasper und nichts mit dir zu tun. Und wenn dich dann der Tod erwischt, aus der Kasperpuppe einfach die Hand herausgezogen wird, nimm auch das nicht persönlich!! Es war auch nicht als Angriff auf deine Person gemeint!

Nichts ist persönlich gemeint: Weder sind es deine Schulden, noch dein Reichtum, deine Tränen und dein Lachen; der Dauerregen; das Rot der Ampel, vor der du regelmäßig warten musst; das Streicheln deines Partners, das du so magst, oder wenn er ungefragt dein Geld ausgibt. Nichts! Deine ganzen Muster und Dramen haben wirklich nichts mit dir zu tun. Sie gehören zu deiner Figur. Deine Figur ist einfach da – wie die des Kaspers.

Kasper spricht: „Ich hasse mich!" Ah, fragt sich das Publikum: Wer hasst da wen? Ist Kasper wirklich von sich selbst getrennt, sodass er sich persönlich hassen kann? Diese Worte suggerieren, dass es nur den Kasper gibt: ein Ich – und dieses Ich kann sich hassen oder lieben, kann etwas haben oder verlieren. Wie verwirrend und auch unmöglich. Es ist eine solch große Täuschung, dass dies nie und nimmer von Kasper hinterfragt werden sollte. Sonst würde das Publikum nicht mehr so viel Spaß an der Aufführung haben.

Wenn Kasper sagen würde: „Liebe ist da, Hass ist jetzt da", dann würden doch alle Zuschauer einschlafen, oder? Das persönliche Drama fehlt. Also steuert die Verwirrung ihren Teil dazu bei, dass überhaupt eine Unterhaltung entsteht.

Du verstehst das, was wirklich nicht verstanden werden kann. Die Abgrenzung, die überall erscheint, ist aus einem gewissen Abstand dieser königliche Witz. Der Beobachter erkennt, dass derselbe Schauspieler beide Figuren lenkt.

Aus einer gewissen Entfernung kann man sogar erkennen, dass das auf alles zutrifft: auf jeden Baum, jeden Stein, jeden Menschen, jedes Unwetter. Das, was alles lenkt und allem den Hauch von Lebendigkeit einflößt, ist etwas, was niemals erfahren werden kann. Weder die Hand noch der Kasper erfassen, dass sie nur eine Hand oder eine Figur sind. Der Kasper ist voller Hingabe einfach der Kasper.

Nun könnte im Kasper eine Ahnung entstehen, die er ausspricht. Dass es nämlich etwas gibt, was darüber hinaus da ist, und dass Trennung nur eine Illusion ist. Wenn dieser Ahnung vertraut wird, könnte sie auf fruchtbaren Boden fallen und somit Vertrauen hervorrufen, dass das, was alles lenkt, da ist. Vertrauen, dass das, was passiert, geschehen soll. Und wenn der Kasper sein Misstrauen voller Zorn, Angst und Hass auslebt, dann ist auch hier Vertrauen möglich, dass dies genau das ist, was jetzt da sein soll. Sogar die Idee der Trennung hat ihre Berechtigung, weil sich dahinter das Vertrauen zeigt, dass sie da sein soll.

Kasper kann kein Vertrauen haben. Kasper ist das, was erscheint. Doch Vertrauen ist auch da! Es muss da sein, sonst könnte Kasper nicht hier sein.

Kasper macht weiter und schlägt immer noch auf den Polizisten ein. Nun weiß er, dass er sich selber haut. Dieses völlig Unbekannte, das dem Kasper und dem Polizisten Lebendigkeit einhaucht, ist immer anwesend!

Wer lenkt? Da ist keine Macht außerhalb von uns. Da ist noch nicht einmal eine Figur von uns beiden. Es ist etwas, was alles ist. Die Figuren gehören dazu. Die Hände müssen da sein, damit sie sich berühren können. Das, was lenkt, ist alles: ist die Figur und ist der Hauch, der lenkt!

Bist du endlich zufrieden? Ist deine Figur nun entspannt? Und wenn nicht, ist es genau das, was das Theaterstück gerade braucht – und es ist Vertrauen da!

Einfach dadurch, dass die Figur spricht und handelt, weil es dann das ist, was passieren soll! Wie einfach. Es ist so einfach. Danke, dass du mir zugehört hast. Danke, dass ich lesen durfte; danke, dass du so wunderbar bist, wie ich es mir niemals hätte vorstellen können.

Ich steh auf Eigenlob! :)

Ein kleiner Impuls

Stell dir noch einmal den Kasper vor, aber jetzt mit der Möglichkeit, dass auch bei ihm Gedanken auftauchen könnten. Er befolgt als Marionette/Figur nur das, was ihm vorgegeben wird (anders ausgedrückt – er ist eins mit der Hand). Aber nun würde er zusätzlich denken: „Ach, eigentlich will ich etwas anderes machen. Was soll ich als Nächstes tun, damit ich glücklich sein kann?“ Viele und wichtige Gedanken! Würde Kasper diese aussprechen, wäre das für das Publikum sehr verwunderlich, da es wahrnimmt, dass er nur die Bewegungen ausführt, die sich der Puppenspieler hinter der Kulisse ausgedacht hat.

Doch Kasper fühlt anscheinend Widerstand dem gegenüber, was eh passiert. Und damit überträgt er einen Widerstand auf sich selbst. Boah, wie anstrengend! Dabei ist alles da! Impulse sind da und werden ausgeführt: Die Hand bewegt sich. Gedanken tauchen auf. Soll ich oder soll ich nicht? Ist das gut oder nicht? Und doch passiert, was passieren soll: entweder mit Kampf und Widerstand oder in Entspannung und Vertrauen.

Wenn Kampf und Widerstand angesagt sind, schleicht sich immer auch das Gefühl ein, dass Kasper nicht vollständig ist und etwas anderes braucht, um komplett zu sein.

Daher gebe allen Widerstand auf, jeden Kampf gegen dich selbst. Jeder Impuls, der erscheint, ist das, was du bist. Wenn dieser Impuls gelebt wird – und das wird er sowieso, aber ohne Widerstand – bist du vollkommen. Dann bist du DU selbst. Du bist zu Hause. In dem Moment gibt es weder Vergangenheit noch Zukunft. Es ist einfach das, was ist. Kein Kampf gegen die Impulse. Da ist keine Anstrengung mehr, das zu sein, was du wirklich bist.

Lass alle Impulse da sein. Sie dürfen da sein. Sie sind schon da. Manchmal scheinen sie zeitverzögert angenommen zu werden – so wie jetzt! Da regt sich z. B. ein Impuls, dein Gesicht zu streicheln. Ah, du nimmst ihn wahr und dann kannst du ihm folgen oder nicht – denkst du! Ist dieser Impuls richtig? Wird er mich in die Enttäuschung führen? Werde ich mich bloßstellen und schutzlos da stehen?

Doch nun lass diese Mauer fallen. Werde eins mit den unmittelbaren Impulsen, die sich gerade zeigen. Handle sofort – ohne zu denken! Das hast du schon immer gemacht, nur war dir nicht bewusst, dass dies so ist. Doch nun darf alles sein. Sogar die Angst, dass deine Impulse, wenn du ihnen vertraust, dich in den Wahnsinn führen können, dich umbringen werden oder in die Liebe Gottes führen. Was passiert, wenn jetzt dieser Schutzwall fällt? Was passiert, wenn jetzt alles da sein darf: jeder Impuls - und alles wird unmittelbar, ohne zu denken, ausgeführt. Und wenn es nur ein Geräusch ist. Ein Naserümpfen. Ein Kratzen. Eine Bewegung. Oder ein Anruf. Ein Schrei. Eine Liebeserklärung.

Ja, dann bist du ganz und gar du selbst. Und ich, der ganz und gar du selbst bist, schicke dir dann noch mehr Impulse, da es keinen Widerstand mehr gibt. Neue Impulse, Impulse der Lebendigkeit! Dann ist Kasper in jedem Moment von sich selber überrascht, ist in jedem Moment voller Leben, Begegnung und Wunder. In dieser Hingabe an sich selbst, gibt es keine Fragen mehr nach dem Sinn, nach Erleuchtung, nach Glückseligkeit. Kasper ist endlich nur er selbst: im Impuls eins mit dem Unendlichen und dort gibt es keine einzige Grenze.

Ich sage „Ja"

Nun mein lieber, unendlicher Ausdruck, auch „Mensch“ genannt. Ich kann es nicht lassen! Nach so viel Freiheit – und alles ist gut so, wie es ist – muss ich dir auch etwas sagen, was du nicht wirklich hören willst. Woher ich das weiß? Na, weil ich es auch nicht hören wollen würde. Wenn mir jemand diesen Rat gäbe, würde ich ihn für verrückt erklären und lieber meine Beine hochlegen und weiter gute Filme anschauen. Das Folgende könnte dich bedrohen. Vielleicht wirst du um dich schlagen oder aufhören zu lesen und nun endlich mit vollem Herzen rufen: „Lass mich in Ruhe!“

Doch bevor es dir jemand anderes sagt, mach ich es lieber. Ich weiß doch, was du eigentlich hören willst – obwohl du es nicht glauben wirst.

Es geht um deine Freiheit, um dein Glück und deinen Frieden. Was du bis jetzt glaubst zu sein, ist der Widerstand in Bezug auf das Leben. In ihm geschehen Abgrenzung und das Gefühl von Individualität. Manch Bücherwurm sagt auch Ego dazu, also wirklich: wie unkreativ und einfältig. Gleichgültig, wie es genannt wird, es glaubt, einen guten Grund zu haben, hier zu sein. Es glaubt sogar zu wissen, was das Beste für es selbst ist und einen Weg finden zu können, um glücklich zu werden und in der paradiesischen Einheit aufgehen zu können. Doch wenn du mal ganz genau hinschaust: Bist du schon im totalen Glück, im totalen Frieden? Äh, nein? Und warum bist du das nicht? Weil du bis jetzt auf den Widerstand in dir gehört hast! Wenn jemand etwas von dir will oder dich um etwas bittet, reagiert sofort die Abwehr in dir. Sie will dir einreden, dass deine Freiheit bedroht sei, wenn du dich darauf einlässt.

Du genießt abends gerade einen spannenden Fernsehfilm und da ruft jemand an und will mit dir spontan in einem Baggersee nackt schwimmen. Ah, der Widerstand meldet sich in Form sofortiger Ablehnung mit den Worten: „Also nee, dazu habe ich jetzt keine Lust – und sag mal, fällt dir nichts Besseres ein?"

Für den Widerstand existieren nur Feinde, die ihn bedrohen, denn sie erwarten von ihm etwas, das er nicht geben will. Und er bejaht immer nur das, was ihn weiterhin am Leben hält. Er erfindet tausend „gute" Gründe, die ihm die dazu passenden Gefühle liefern, warum das jetzt nicht geht und was alles passieren könnte. Er suggeriert, dass es die Freiheit ist, die aufgegeben werden müsste, und es doch unfrei wäre, etwas zu machen, wozu man momentan überhaupt keine Lust verspürt. Doch genau das Gegenteil ist wahr. Alles, was auf dich zukommt, bin doch ich! Alles, was im Kreativen erscheint, ist unsere Stimme! Wenn du auf diese hören würdest und du tatsächlich die Bitte deines Gegenübers ohne Groll erfüllst, dann wird der Widerstand bedroht! Er löst sich auf! Du bist dann nicht mehr von Gegnern umgeben, die deine Freiheit infrage stellen, sondern du bist in dem Moment der unendliche Raum, der auch „Ja“ sagen kann.

Jede Erfahrung ist das Leben. Dann ist da wirkliche Freiheit. Du selbst weißt genau, was du brauchst, um wirklich glücklich zu werden. Dies wird dir in Form von anderen Mündern geschickt, die dich auffordern, etwas zu tun, das vielleicht völlig gegensätzlich zu dem ist, was du gewohnt bist zu tun, um genau in dem Unglück und der Unfreiheit zu bleiben, in denen der Widerstand sein will.

Stell dir mal vor, du tust das, was andere sich von dir wünschen! Kommt da nicht sofort Angst hoch, die deine Freiheit infrage stellt? Ist es wirklich so? Ist es Freiheit ständig „Nein“ zu sagen, wenn deine Frau dich darum bittet, den Müll rauszubringen? Erschafft das nicht Grenzen und Bedrohung, ein Feindbild? Was würde passieren, wenn du ohne Widerstand „Ja“ sagst. Und dann gehst du mit einem breiten Grinsen und freudestrahlend zur Mülltonne, obwohl im Fernsehen gerade ein für dich wichtiges Spiel deines Fußballvereins übertragen wird.

Wie wäre dein Fühlen? In welcher Welt würdest du dann leben? Was würde sich bei deiner Frau ereignen? Was würde mit jedem Menschen auf der Welt geschehen? Was würde mit deiner eigenen Schöpfung passieren? Kannst du sehen, dass du eine Wahl hast; dass du immer bewusst wählen kannst, wenn du nicht sofort auf den Widerstand hörst, der dir einreden will, dass diese Welt gefährlich ist und dich verletzen kann?

Was würde passieren, wenn du wieder so viel Vertrauen in deine Kreation hättest, dass du dich ihr einfach hingibst? Alles, was erscheint – bist du! Du willst wirkliche Freiheit? Sie liegt vor deinen Füßen! Der Widerstand wird immer mit Konsequenzen drohen, die passieren könnten. Doch nur, weil er um sein Überleben kämpft.

Du bist Folterer in einem richtig üblen Gefängnis und ich als dein Gefangener, bitte dich, mich frei zulassen. Ne ne, das kannst du nicht machen: Was würden deine Vorgesetzten denken? Was würde mit dir passieren? Wahrscheinlich würdest du den Job verlieren oder selber eingesperrt werden. Ne ne, dann lieber nicht …! Und weiter geht es mit Unglück und Widerstand.

Doch anscheinend ist es Zeit, „Ja“ zu sagen, sonst hättest du dich nicht selber gefragt! Es ist Zeit für eine neue Erfahrung. Vielleicht willst du gar kein Folterer mehr sein. Vielleicht möchtest du mit diesen, deinen Menschenbrüdern nur eine Partie Schach spielen oder kräftig feiern. Vielleicht ist es Zeit zu erkennen, dass der Widerstand gegen die Gefangenen, dein Widerstand gegen die Liebe selbst ist. Es ist Unfreiheit, die dich immer nur „Nein“ rufen lässt. Freiheit ist es, „Ja“ zu sagen: Denn du bist doch schon alles!

Wenn du diese Freiheit siehst, ja, dann kannst du natürlich auch mal „Nein“ sagen. Doch tust du das dann nicht mehr aus einem Zwang, einer Unfreiheit heraus, sondern aus dem liebevollsten und heiligsten Grund, den es gibt: die Liebe!

Wenn du echte Freiheit und echten Frieden erleben willst, mach doch für eine Stunde, einen Tag oder für den Rest deines Lebens einfach das, worum andere dich bitten; denn es kommt von dir selbst: verkleidet in Form anderer Menschen, verkleidet als einen Wunsch. Schneller wird dein Ego-Widerstand nicht in sich zusammenfallen können als durch das Erfüllen kleiner Bitten.

Wow, wäre dein Leben nicht richtig spannend? Wäre dein Leben nicht ein einziger Fluss? Ein einziges Beben in die Unendlichkeit? Was könnte morgen passieren? Welche Bitte könnte der nächste Augenblick an dich haben, um wie Öl durch den Widerstand zu gleiten?

Ah, sagst du: und wenn mich jemand bittet, mir selbst oder anderen zu schaden? Oder mit mir zu schlafen oder mich auf der Straße nackt auszuziehen, oder … ? Soll ich da auch einfach „Ja“ sagen?

Schon witzig, dass dir genau solche Beispiele einfallen. Ist das vielleicht schon wieder der Widerstand? Die Angst vor dem, was passieren könnte? Ist es wirklich dein Mund, der dir so etwas sagen wollen würde?

Nehmen wir mal an, du schickst dir tatsächlich solche Bitten – warum solltest du dir das selber antun? Höre genau hin: Du willst dich hören! Vielleicht ist damit nur dein Schrei nach Auflösung und Liebe gemeint. Vielleicht eröffnet sich dir dann tatsächlich die Möglichkeit, aus einer Freiheit heraus „Ja" zu sagen. Und wenn du das erkennst, offenbart sich deine unendliche Güte, deine unendliche Liebe, weil du diese Bitte an dich selbst stellst. Du hast dich erreicht, du hast dich gehört – und dann kannst du mit einem Lächeln auch „Nein, danke" sagen.

Und wenn du bemerkst, dass du schon hundertmal „Ja" gesagt hast und es dir überhaupt schwer fallen würde, „Nein" zu sagen, weil dann der Widerstand in sich zusammenfallen würde, ja dann mach dies! Dein Guru bittet dich zum hundertsten Mal, seine Füße zu waschen. „Nein", sagst du, irgendwie ist dir heute nicht danach!

Du bist schon Freiheit! Niemand kann sie dir wegnehmen, doch kannst du sie auch wirklich sein und jeden Tag leben? Höre nicht auf den Widerstand, der sich selber niemals das Wasser abgraben will. Sage einfach „Ja" – bis du alles sein kannst und dann spiele! „Ja" „Nein", es macht keinen glaubhaften Unterschied mehr.

Sei heute Freiheit und nehme alles, was dir entgegenkommt, ohne zu zögern an. Und dann bemerke, wie es dir geht, wie es dir jetzt schon mit diesem Entschluss geht. Wird die Welt nicht etwas wärmer? Wird die Welt nicht freundlicher? Du musst dich nun nicht mehr selber bekämpfen. Du musst nicht mehr nach dem Sinn des Lebens fragen. Nicht mehr nach Erleuchtung oder Zufriedenheit. Jeder Kampf hört da auf und damit auch jeder Widerstand, jedes Ego und jede Trennung.

Halleluja!

Hast du dich entschieden? Ja? Dann kommt nun die erste Bitte an dich und – mach sie auch! Einfach so! Hör nicht auf die tausend Gedanken des Widerstandes.

Ich bitte dich um Folgendes:

Sei jetzt DU selbst! Sei vollkommen das, was immer du auch wirklich bist! Du bist es doch schon, darum mach dir die Freude und sei es auch!

Ha! Liebe!

Alle deine Zellen zittern. Sie vibrieren und ahnen es: Es gibt nur uns, in dem alles erscheint. Diese Offenheit, diese Weite und Bedingungslosigkeit sind wir. Wir sind pure Offenheit für alles, was auch immer auftaucht. Es gibt keinen Widerstand, denn wenn es ihn gäbe, würde, was auch immer – nicht erscheinen können. Aber alles ist da!

Nun hat sich in diese Unendlichkeit, diese Unsterblichkeit, eine winzig kleine Idee von einem Selbst geschlichen. Eine kleine, süße Idee von dir! Diese Idee ist begrenzt und muss sich schützen, denn nur dadurch kann sie in der Grenzenlosigkeit sein. Das erzeugt Spannung und Konflikte, Offenheit und Begrenzung. Je mehr du an dieser Idee festgehalten hast, umso mehr verlor sich die offensichtliche Offenheit in nur noch eine Ahnung, einem kleinen Echo deiner Weite. Aber es ist nicht mehr das unmittelbare Erlebnis.

Das einzige Erlebnis sind nun Spannung und Konflikt. Die Idee von dir selbst will nicht grenzenlos sein und sich somit nicht wieder als Offenheit erkennen.

Es gibt aber eigentlich keinen Konflikt, denn diese Offenheit, die du ursprünglich bist, durchdringt auch die Idee von dir selbst.

Oder anders ausgedrückt: Du willst es spüren! Du willst bedingungslos lieben und geliebt werden. Ja das ist dein gutes Recht! Ich will es doch auch – das ist der Antrieb, um zu erscheinen. Zu lieben, alles zu lieben, bis zur Besinnungslosigkeit. Bis zum nackten Wahnsinn. Bis zum „endlich leben". Doch es gibt da nur noch einen kleinen, kleinen winzigen Fehler, in diesem doch so großen Wunsch.

Wahre, bedingungslose Liebe, kann nicht von dieser Welt sein, weil diese Welt bedingt ist. Sie kann nicht von dir wahrgenommen werden, sie kann nicht in deiner Wahrnehmung auftauchen. Sie muss etwas sein, was außerhalb von dir ist, außerhalb dieser Welt und sogar außerhalb von mir. Außerhalb von allem, was du dir vorstellen kannst und was benannt werden kann. Nur dort ist sie zu finden und dort ist sie auch zu Hause und war es schon immer. Sie muss da sein, ansonsten gäbe es die Welt nicht und somit auch dich und mich nicht. Alles das kann nur erscheinen, weil es diese unendliche, bedingungslose Liebe gibt, die nichts mit der Welt, die du kennst, zu tun hat. Sie kann daher auch nicht zerstört werden, vergehen, sich auflösen oder weniger werden.

Es wird hinter vorgehaltener Hand gemunkelt, dass es die Liebe Gottes ist. Was immer wir beide auch darunter verstehen, es kann nicht im Verstehen liegen.

Wenn du anfängst in dieser Liebe zu atmen, die außerhalb von allem liegt, was du jemals kennengelernt hast, wird dich diese Liebe überschütten und du wirst darin „baden". Wenn du anfängst, aus dieser Liebe heraus zu leben, wird alles anders sein. Alles, was du jemals warst, was du bist und jemals sein wirst, wird sich auflösen und kein Geschrei dieser Welt kann diese Liebe übertönen.

Du kannst diese Liebe nicht spüren, aber sie ist da. Um dies zu erkennen, brauchst du nur Vertrauen. Wenn du dorthin gehst, ohne zu wissen, wie das geht, dann überflutet sie deine Gefühle, deine Gedanken und dein Bild sofort und für immer. Wenn diese Liebe nicht von dieser Welt ist, kannst du sie auch nicht durch diese Welt erreichen. Daher lass einfach das zu, was schon immer da war. Lass dieses Unbekannte einfach zu. Gib dich dem Unvorstellbaren, dem Übernatürlichen hin. Versuche es nicht zu benennen. Gib dieser Liebe keinen Namen: nicht Gott, nicht Jesus, Buddha, Müttergöttin, Nichts oder Ähnliches. Sogar das Wort „Liebe" ist schon zu viel!

Gib dein Leben dieser bedingungslosen Liebe. Das hast du eh schon immer gemacht, du aber haderst noch damit und stehst auf der Bremse. Gib dich dieser Liebe hin und dann wirst du durchflutet werden. Du erlebst dich dann nicht mehr aus dir selbst heraus, sondern aus der Liebe, die nichts mit dieser Welt zu tun hat und doch alles durchdringt.

Was könnte schon passieren? Könnte es wirklich schlimmer werden? Nein, es kann nicht unerfreulicher werden! Wirklich nicht! Es ist nur die Angst davor, dass es schöner werden könnte: lebendiger – liebevoller. Aber das sollte wirklich nicht der Grund sein, warum dein Lachen nicht ansteckend wirkt.

Und wenn diese Liebe dich überschwemmt und alles mitreißt, woran du dich festhältst, wirst du sehen, das dir diese Liebe nicht unbekannt ist. Sie hatte sich gar nicht auf einer anderen Nicht-Ebene versteckt, sondern sie hatte sich so offensichtlich versteckt, dass sie sich sicher war, irgendwann gefunden zu werden. Ja, genau: Du ahnst es schon! Du spürst es, du erlebst es. Du bist die Offenheit – die Liebe: Genau dort ist sie zu finden. Diese Liebe, die nicht von dieser Welt ist, bist du! Du bist der liebevollste Beweis, dass es sie gibt!

Jeder Gedanke, jedes Gefühl, jede Bewegung ist erfüllt: Von dir selbst, von der Offenheit, die du bist. Ein absoluter Ausdruck bedingungsloser Liebe. Ja – und wenn du das bist, dann müssen es alle anderen Menschen auch sein. (Falls es sie gibt, da bin ich mir immer noch nicht so ganz sicher. ;)) Wenn das so ist, dann lebt jeder schon den höchsten Ausdruck seiner selbst. Nichts muss verändert werden, keiner muss zu noch mehr Liebe geführt werden. Jede Bewegung, jedes Luftholen, jedes Sehen ist erfüllt von dem Unendlichen, von uns, von mir, von der Freude, zu sein. Lass es einfach zu. Das bist du! Das ist deine wahre Natur! Alles andere, was in diesem Ausdruck auftaucht, ist nur ein kleiner Funken, ein liebevoller Hinweis auf sich selbst. Jeder Hass, jede Traurigkeit, jede Freude, jedes Freudestöhnen sind nur eine Erinnerung an das, was du wirklich bist. Liebe ist einfach Offenheit für das, was erscheint. Bedingungslos darf es auftauchen.

Liebe ist kein mystischer Zustand. Sie ist einfach nur die Offenheit für alles, was eh schon da ist. Wenn Widerstand in Form von Enge, Spannung, Selbsthass, Dunkelheit erscheint, ist das ein Zeichen für dein Vergessen, dass du Liebe bist. Auch das muss der absolute Ausdruck der bedingungslosen Liebe sein. Du bist sogar die Offenheit für das Vergessen. Die Offenheit, die alles zulässt: auch Enge, Spannung, Selbsthass und Dunkelheit. Sogar das darf in der Offenheit erscheinen und dann bist du wieder das Strahlen der Liebe. Ansonsten bist du einfach nur Liebe, die halt nicht strahlt. Alles kann und darf sich verändern – für immer. Und nichts muss sich verändern – für immer.

Falls es mal wieder Spannung oder Konflikte, das Gefühl der Enge und tiefer Einsamkeit in deinem Leben gibt, kannst du dich daran erinnern, dass es daran liegt, dass die Idee von dir selbst, sich begrenzt erlebt – jedoch die Unendlichkeit, die du wirklich bist, aus Liebe in diese Idee geflossen ist.

Damit diese bedingungslose Liebe sich selbst wieder erkennt und sich als diese auch wieder erlebt, gibt es nur eine Wahl, die getroffen werden kann. Die Liebe muss/sollte sich nicht selbst erkennen. Das ist nicht notwendig. Das wäre nur eine neue Begrenzung, die sie wieder von sich selbst entfernt.

Doch die Liebe darf sich erkennen. Sie darf sich selbst wieder als bedingungslose Liebe wahrnehmen. Du darfst wieder die Liebe sein, die du bist. Du musst es nicht, auch nicht um ein vollkommenes Leben zu führen. Doch du darfst es sein – und ja, es darf endlich sein!

Spürst du es? Du darfst alles umarmen und die Dunkelheit mit Unendlichkeit füllen. Du darfst wieder die Liebe sein, die du bist und dies darf und soll gespürt und gelebt werden. Du darfst wieder das Licht werden, einfach dadurch, dass die Liebe sich selbst wieder erlaubt, zu sein.

Du bist die manifestierte Liebe Gottes!!! Was dachtest du denn, wer du bist?

Sei es!

Tja, jetzt hast du es schwarz auf weiß. Du bist diese unendliche, bedingungslose Liebe, die hinter allem anwesend ist; diese Offenheit und dieses Erlauben – alles zu sein. Das ist dein Werk. Das ist deine Bestimmung. Du musst nichts dafür tun, um das zu sein, was du schon bist. Du musst nur das Weglassen, was dich daran hindert, dies auch zu erleben. Dein Leben wird sich daran festmachen, wie sehr du dich dieser Offenheit selbst hingegeben hast und wie sehr sie sich durch dich offenbaren konnte. Das ist alles. Alles andere ist nur nebensächlich. Ob du ein Auto besitzt, viele Freunde hast, ein gefeierter Star, hoch-depressiv oder nur ein bisschen unzufrieden bist. Jeder Augenblick offenbart und erfüllt sich vollkommen darin, ob du dem, was du bist, auch wirklich Raum gibst.

Wenn in deinem Leben durch Gedanken oder Gefühle Leid entsteht, hast du dir nicht erlaubt, in absoluter Offenheit zu sein und sie vollkommen zu erspüren. Du hast vergessen, die Liebe zu sein, die du bist. Du hältst deine Liebe zurück. Du hältst dich als Geschenk zurück, du hältst deine Gaben zurück und erlaubst dir selbst nicht, die Gnade zu sein, die sich eigentlich in jeder deiner Bewegungen spiegelt.

Nehmen wir nur eine Sekunde an – und in dieser Sekunde erlaube dir – vollkommen zu akzeptieren, dass du diese Unendlichkeit bist, in der alles erscheinen darf und auch erscheint. Dass du dieser tiefe Raum bist, der sich in aller Offenheit in alles hineinspürt, was existiert. Sogar in die entlegensten Ecken deines Selbstes und in Bereiche, die du nie für möglich gehalten hast, dann ist jede deiner Bewegungen, jeder Atemzug und jedes Gefühl ein Ausdruck dieser unendlichen Liebe. Hebe einen Arm, mach einen Seufzer, kratze dich am Knie und spüre die bedingungslose Liebe, die dahinter liegt. Nur durch sie kann etwas geschehen. Nur in ihr kann das passieren, was jetzt passiert.

Erst dann, wenn du diese tiefe Nähe, diese Unglaublichkeit zulässt, wird dein Leben erfüllt sein. Es fühlt sich so an, als würdest du aus einem alten Traum erwachen – aus einer Hypnose. Ja, du wurdest die ganze Zeit hypnotisiert, um das Offensichtliche nicht erkennen zu können. Nun jedoch ist die Zeit reif, um dich zu enthypnotisieren. Alles Falsche darf von dir abfallen und übrig bleibt nur noch das, was die ganze Zeit schon da war.

Wenn du wirklich dein Leben, deine Wahrnehmung, dein Denken und deine Gefühle ohne Kompromiss, diesem einen übergibst, dann wirst du dein Leben als ein Wunder erleben.

Jeden Augenblick kannst du in das eine zurückfallen: Was immer auch auftauchen wird, welche absonderlichen Sachen, die deine Aufmerksamkeit normalerweise auf sich ziehen und du dich somit wieder klein und hilflos fühlst, auch erscheinen mögen. Du hast immer die Wahl, deinem Versprechen treu zu bleiben und wieder dieser offene, erspürende Raum zu sein, der hinter allem liegt. Es ist wie ein kleiner Schalter, den du in jeder Situation einfach umlegen kannst. Du kannst dich entscheiden: Dich entweder im Vertrauen in Gottes Arme fallen zu lassen oder dich an das Altbekannte zu klammern und somit deinem Lebensziel untreu zu sein.

In jedem Moment kannst du diese Unendlichkeit erspüren, in sie fallen, mit allem, was dir zur Verfügung steht, ganz sein. Und dann immer tiefer in den Raum fallen, immer tiefer, immer weiter. Für diese Liebe, die du bist, gibt keinen Boden: Das ist das große Geheimnis, das ist das Tor. Es geht immer weiter. Es sprengt jede Vorstellungskraft, alles, woran du bis jetzt geglaubt hast, muss hinweggefegt werden. Nichts kann davor Halt machen. Es ist dieses Nichts, das sich unendlich in seiner Unendlichkeit zeigt. Und im Nichts gibt es keine Grenze, keinen Boden und keine Mauer, es geht immer weiter – immer weiter. Auch wenn du denkst: Nun ist die Liebe so tief und die Offenheit so weit, dass es nicht weiter aushaltbar wäre, wird es noch weiter und noch tiefer gehen können …

In diesem Nichts offenbart sich alles: jedes Gefühl und jeder Gedanke, jeder Mensch und jeder Baum, jede Form. Alles darf erscheinen.

Und dann, wenn du immer weiter gehst und dich der Offenheit, die diesen Raum ausmacht, ganz hingibst, wirst du sehen, dass du niemals eine Wahl hattest. Und jeder Glaube, dass du jederzeit wählen konntest, das zu sein, was du schon längst bist, wird von dir abfallen. Und doch wird es dann wieder so aussehen, als könntest du wählen.

Dieses Gewahrsein, in dem alles erscheint, sogar Ideen und Vorstellungen von dir selbst. Dort herrscht kein Mangel und es gibt kein Ziel – nur diese Offenheit, die sich immer weiter ausdehnt, unendlich und ihre Erfüllung darin sieht, immer mehr durch dich zu scheinen.

Lass alles da sein. Du bist die Offenheit, in der alles erscheinen darf. Die Offenheit, in der Geräusche erscheinen. Die Offenheit, in der Fühlen erscheint. Die Offenheit, in der Sehen erscheint. Jetzt ist sie anwesend. Daher halte dich nicht an irgendetwas fest, erlaube allem da zu sein – ungeschminkt und ganz ehrlich, was auch immer es ist. Und wenn sich die bösesten Ungeheuer und dunkelsten Albträume zeigen, du bist das, was erlaubt, zu sein. Du musst nur wirklich hinschauen: ohne Moral und spirituellen Background. Lass vor dir alle Masken fallen. Erspüre in allen Winkeln, was sich zeigt und fühle über diesen Moment hinaus. Erspüre den Raum, die Welt, die Umarmung Gottes, mein Ausdehnen und Zusammenziehen, das Sterben und Gebären deiner Zellen …

Und dann nimm auch wahr, was andere Menschen fühlen: Ihre Widerstände – auch das passiert in dem Raum, der du bist. Schreien sie? Sind sie aggressiv zu dir? Weinen sie? Werde der Raum für sie, in dem alles erlaubt ist, erspüre die feinsten Nuancen ihrer Seele. Denn es gibt nur die Offenheit für alles, was in ihr erscheint. Dort gibt es weder ein „du" noch ein „ich". Nur dann wird sich der Raum weiter ausdehnen können. Andere können endlich entspannen, auch wenn ihre Widerstände immer noch erscheinen.

Du wirst zum Licht der Welt, ohne auch nur einen Finger zu heben. Andere? Ich? Da ist nur Offenheit! Das ist deine Lebensaufgabe. Wenn du diese erfüllst und dich unerschrocken dieser bedingungslosen Liebe stellst, die durch dich scheinen will, dann bist du zu Hause. Dann könnte ich meine Sachen packen und weiterziehen. Ja, endlich weiterziehen. Doch nicht dorthin, wohin du denkst, sondern ich könnte noch tiefer in dein Herz einziehen, dich noch mehr ausfüllen und dein Licht noch mehr erstrahlen lassen.

Darf ich vollkommen und ganz in dein Herz ziehen?

Spürst du mich? Spürst du dein Herz, das vor Liebe fast zerspringt?

Ich spüre es.

Wähle jede Sekunde, als wäre sie die letzte Sekunde deines Lebens. Wähle in jedem Augenblick deines Daseins – und sei es noch so voller Ablenkungen – einfach das zu sein, was du wirklich bist. Erinnere dich, dass du nicht weißt, was du wirklich bist! Und dann sinke in dieses Nichtwissen, erlaube dir „nicht zu wissen". Erlaube dir, berauscht von Nicht-Wissen zu sein. Dann bist du da! Dann bist du wieder in der Liebe, die nicht von dieser Welt ist, jedoch in dieser Welt auftauchen kann. Dann bist du wieder du selbst. Deine Aufgabe ist erfüllt. Die Liebe hat sich selbst erkannt und nun kann sie sich einfach wieder dem zuwenden, was sie am besten kann:

Total und vollkommen zu lieben.

Kontakt hergestellt

Nun, wie soll ich es dir sagen? Das Buch ist zu Ende. Bald werde ich meinen Mund halten.

Und wenn du immer noch glaubst, nur ein Buch in den Händen zu halten, ja, dann habe ich meine Aufgabe einfach echt schlapp gemacht. Vielleicht wird dieser gutgemeinte Ausspruch von dir: „Liebes Universum, lass mich in Ruhe“ nun auch etwas anders gesehen.

Es gibt kein Universum! Und von dir selber in Ruhe gelassen zu werden, willst du, denke ich, auch nicht. Es gibt keine größere Macht, die alles lenkt und in Ordnung bringt. Es gibt nur das Seufzen in der Unendlichkeit. Auf dessen Flügeln wirst du mitgenommen und ich erfreue mich daran, dass ich immer noch glauben darf, dass es dich gibt!

Ich habe alles gesagt, was ich so auf der Seele hatte. Es war mir ein Vergnügen, mit dir in Kontakt gewesen zu sein – wirklich und unmittelbar! Kein versteckter Hinweis, wenn ein Baum auf dein Auto fällt; keine Krankheit, die erscheinen muss, und du verstehst es nicht. Kein Liebeskummer, damit das Leben wieder zu dir durchdringen kann – nein, einfach Worte, die jetzt gelesen werden.

Doch Worte sind genauso missverständlich und man kann über sie Jahrtausende streiten. Das kennen wir zur Genüge.

Daher lass die Worte beiseite, was auch immer sie für dich bedeutet haben. Lass es sogar hinter dir, wenn du glaubst, dass der Schreiber dich auf den Arm nehmen will, weil du immer noch annimmst, dass hier nicht das Universum spricht, sondern dass dies ein guter Marketing-Gag ist. Wie willst du da einen Unterschied machen? Und wenn du einen machst: Wer macht diesen? Gedanken? Gefühle? Vorbestimmungen? Es ist kein Trick, kein doppelter Boden.

Natürlich erscheint es in dieser Welt wie etwas, was nur von dieser Welt stammen könnte. Doch weit gefehlt. Also lass alle Worte hinter dir, jeden Glauben, jede Vorstellung, jedes Gefühl davon, dass du es besser weißt und dann bleibt diese Unmittelbarkeit übrig, in der wir uns treffen. In ihr gibt es kein Dahinter oder Hier. Da ist einfach da, was jetzt erscheint und erlebt wird. Kein göttliches Wesen, das dich rettet, keine Mama und kein Papa. Kein böses Universum, keine Neurosen, keine Probleme und auch keine Welt, so wie du sie kennst.

Nein, es ist etwas da, was pulsierend im Einklang mit dem Herzschlag von Anfang an ist. Du bist schon in Kontakt mit dir selbst. Du bist in Kontakt mit deinen Händen, mit deinem Fühlen, mit deiner Liebe. Was immer du dachtest, dass du dafür tun kannst, um mehr in Kontakt zu sein, ist eine verdammt gute Lüge gewesen. Beinahe wäre auch ich auf sie hereingefallen und dann hätten wir einen Mordsspaß gehabt, das sage ich dir. Nun sind es leider nur ein paar Sätze gewesen.

Und „bumm“

Am liebsten würde ich dir noch einen richtigen Kracher schicken. Etwas, was „bumm“ macht und du die Augen aufreißt und denkst: „Ohhh krass, das war krass, eine richtige Spiribombe.“

Doch mal ehrlich, wofür? Die Bombe ist schon explodiert und das, was jetzt da ist, ist genug. Trotzdem lege die Ohren an und schreie in die Nacht:

„Das Leben ist voller Überraschungen und das Beste daran ist, ich kann nicht sterben, niemand kann sterben! Nur meine Vorstellungen können sterben und diese lasse ich mit Freuden ziehen!

Ich weiß nicht, wer oder was ich bin! Alles, was ich geglaubt habe zu sein, ist schon immer eine Lüge gewesen. Ich bin die Unendlichkeit, ich bin das, woran ich immer geglaubt habe. Ich bin das, was mich schon immer beschützt hat, denn ich kann nicht verletzt werden, auch wenn Klagen und Tränen kommen. Ich bin in Sicherheit. Diese Welt kann sie mir nicht geben, denn diese Welt existiert nur, weil ich träume.

Ich bin das Universum, das träumt, ich zu sein. In diesem Urvertrauen ist die reine Liebe da. Was auch immer das sein mag! Ich will es gar nicht mehr wissen, ich bin einfach. Ich bin das, was unerschrocken seit ewigen Zeiten zeitlos ruft: Ich liebe mich!“

Wenn du nicht weißt, wie sich das anfühlt, ja, dann bist du wirklich im Leben und in der Liebe. Du kannst es nicht wissen. Es kann weder gefühlt noch gedacht werden, es kann nicht von dieser Welt sein. Es ist dieses Unbestimmte, Feine, nicht Wahrnehmbare in dir. Du kannst es nicht mit den Sinnen aufnehmen. Es ist so fein, so dünn, es ist unsichtbar, ist aber da, weil sonst nichts da wäre. Es ist das, was der Figur, die erscheint, den Boden bereitet und alles trägt. Es ist jetzt da, auch wenn du es nicht wahrnehmen kannst. Niemand kann das, auch ich nicht und Gott sowieso nicht, weil alles alles ist.

Wenn die Figur, die erscheint, sich hasst und nicht mag und sich eklig findet, dann hört das Wahrnehmen da auf. Das ist das Ende der Figur, weil sie nicht darüber hinaus sehen kann. Aber es ist dieses Feine da; es hört nicht auf, es ist diese unendliche Liebe. Diese vollkommene Liebe, die sich selber eklig findet, die sich selber hasst und unausstehlich findet.

Es erscheint, weil es in dieser feinen Liebe wohnt, die von der Figur nicht wahrgenommen werden kann, als die du scheinbar auftrittst. Die Figur kann nicht darüber hinaus sehen, aber es ist immer da und wird immer da sein.

Es kann sich noch nicht einmal erinnert werden, weil die Unendlichkeit es nie vergessen hat. Die Figur will sich an etwas erinnern, was außerhalb ihrer Erfahrung ist. Es ist nicht erfahrbar, nicht denkbar, nicht fühlbar und doch und doch und doch ... erscheint es als etwas, was jetzt gerade liest; was jetzt eine Stimme im Kopf hat, was jetzt atmet, was sich jetzt verurteilt, was sich jetzt nach Hause sehnt.

Die Figur kann nicht liebenswerter, selbstbewusster und erleuchteter sein. Es kann nichts verändert werden, was nicht im Einklang mit allem ist. Du bist es sogar jetzt. Du bist es schon lange. Ja, der Raum öffnet sich. Du siehst es! Nicht der Gedanke! Sondern du! Ja, das ist die Liebe, die immer war. Du brauchst sie nicht mehr zu suchen, denn sie kann nicht gefunden werden, weil sie alles ist. Du bist das alles und da drinnen wird sich das Du nicht selber finden können.

Wie gesagt, es bleibt nur das Unerschrockene zurück, das seit ewigen Zeiten zeitlos ruft:

Ich liebe mich!

Ich liebe ...

Ich ...

...

Noch einen letzten Kuss auf deine Stirn! Und ein neuer Stern wird geboren. Ahhhhh ...

Wir sind wunderschön.

Ich kann einfach nicht von uns lassen.

Ich kann mich niemals in Ruhe lassen, auch wenn es sehr verlockend ist, zu glauben, dass dies möglich wäre.

Das Universum

Beinah vergessen!

Ahh, damit hatte ich nie gerechnet und ich liebe es, von mir selber überrascht zu werden. Erinnerst du dich an den Anfang? Ich wollte doch eine Info haben

Hmmm – und ja, jetzt habe ich die Info. Danke, auch wenn du es nicht ausgesprochen hast oder selbst noch am Hadern bist. Klare Info! Klare Eingebung! Nun weiß ich es …

Also mein neuster Stand ist: Wir haben da voll Lust drauf, sind aber noch etwas am Schlottern. Wir wollen aber den Weg ohne Anstrengung gehen. Daher lassen wir die Angst mal beiseite und gehen voll mit der Lust!

So, warte kurz … ich stell da mal einen direkten Draht zu unserem Herrn her oder wenn dir das besser gefällt: zu dir selbst, zu uns selbst. Muss mich kurz besinnen und ich hoffe, dass die Trennung danach noch da ist; nicht, dass wir die Zeitlosigkeit durchschaut haben und du einfach wieder mal weg bist. Also konzentriere dich, hier zu bleiben … Und natürlich ist das alles nur eine ausgedachte Geschichte. Doch du kannst es auch so sehen, als würde es nun wirklich passieren. In deiner Fantasie könnte dieses geschehen. Dann wird es unsere Fantasie sein und diese ist unschlagbar!

Moment, ich schalte mal hoch. Setze dich als Kopilot ins Cockpit und dann kannst du die ganze Geschichte selbst mitverfolgen ... und magst du bitte, als Zeichen, dass du wirklich bereit bist, selber dich melden?

Also …

Tut, tut …

Hallo?

Hi, äh - hier spreche ich. Ich meine mich. Ich lese gerade das Buch. Oh ah, also ich, halt!

Ja, hallo!

Ähm, ich wollte mal etwas fragen …

Ja, ich weiß, frag trotzdem ruhig …

Ach so, natürlich klar. Ja, ich hätte einfach gerne, dass es passiert. Dieses, was niemand beschreiben kann: die Trennung aufheben, Aufwachen - also das alles, verstehst du?

Klar, verstehe ich das. Das ist überhaupt kein Problem. Ich habe dich übrigens nie vergessen, wirklich nicht! Keinen einzigen Au-

genblick! Du bist das Unsagbare, meine Liebe. Wie könnte ich dich jemals vergessen?

Theoretisch ist mir das klar. Aber ich würde es auch so gerne erleben, fühlen und logischerweise auch in mein Leben integrieren!

Hmmm, das machst du doch schon - aber natürlich! Nur legt sich manchmal scheinbar der Schleier der Dunkelheit über das Licht. Doch das Licht ist immer da! Damit du dich in diesen Momenten erinnerst, werde ich dir jetzt ein mächtiges Werkzeug geben.

Oh, das wäre prima!

Mit deinem Herzen ist ein goldener Faden verbunden. Siehst du ihn? Manchmal übersieht man ihn - kannst du ihn jetzt wahrnehmen?

Ja, stimmt. Ich sehe ihn.

Fühle ihn, spüre ihn. Siehst du, dass das andere Ende mit mir verbunden ist? Ja, du siehst es. Er pulsiert in weiß-goldenem Licht und schickt dir dieses Licht wellenartig in dein Herz. Du bist verbunden. Fühle es!

Oh, ja ich spüre es. Wunderschön! Ich spüre deine Liebe, dein Vertrauen, diese Unendlichkeit!

Ja, das bist du! Das warst du schon immer. Du bist meine Liebe, verbunden durch den goldenen, schimmernden Faden. Niemals kann dieser zerreißen oder vergehen. Niemals kann ich dich verlassen. Erinnere dich einfach an diesen Faden, falls du ihn mal wieder nicht sehen solltest. Nehme ihn wahr, fühle ihn und folge ihm bis zum anderen Ende, denn dort bin immer ich.

Danke!

Und wenn du magst, sehe ihn auch bei allen Menschen, denen du begegnest: Wie er mit ihrem Herzen verbunden ist, wie er pulsiert und durch ihn weiß-goldenes Licht in ihre Herzen geschickt wird. Sehe, wie das Ziel aller Fäden derselbe Ursprung, dieselbe Quelle ist. Auch dein Faden. Dann handelst, denkst und fühlst du aus diesem heraus. Dann bist du die erfahrbare Liebe Gottes und siehst sie in jedem Menschen. Atme in den goldenen Faden, lass dich Atmen durch den goldenen Faden. Mehr brauchst du nicht.

Ja, das kann ich schaffen! Das kann ich sehen. Immer wieder. Ich fühle dich. Ich fühle deine Liebe.

Du bist diese Liebe! Ich liebe Dich, vom ganzen Herzen, mit allem, was ich bin.

Ich bin Liebe! Ich bin Freiheit! So einfach ist es. Ich bin es. Danke, danke an alles, was ich bin!

Falls du mal wieder etwas auf dem Herzen hast, melde dich bei mir. Denke einfach an den goldenen Faden und du wirst Ant-

wort bekommen. – Oh, hörst du die tausend Engel, die für dich jetzt ein Lied anstimmen? Das war nicht meine Idee, das kam ganz alleine von ihnen. Du bist einfach wunderbar - ein Wunder! Ach, ist das schön ...

Tut, tut ...

Buchvorschau:

Super! Ich bin depressiv und auch noch aufgewacht!

Warum Sinnlosigkeit/Einsamkeit kurz vor und nach dem Erwachen erscheinen. Nondualer Frühjahrsputz

Autor: Raphael Monar Laluna

Pressestimmen:
Connection Ausgabe 5/6-2014

Bewertung: Sehr gut!

… Laluna duzt den Leser, benutzt umgangssprachliche Ausdrücke, erzählt märchenhafte Geschichten und kreiert dadurch eine Atmosphäre der persönlichen Begegnung … Der Leser wird aufgefordert, die Depression (oder Suche/eigene Anmerkung) als eine Chance zum geistigen Erwachen zu begreifen. Eine Chance, die jahrelang aufgebaute Abwehr von schmerzlichen Gefühlen aufzugeben und sich dem Leben zu stellen. Die Gefühle, die man verdrängt hatte, weil sie nicht sein durften, nun zuzulassen und sich wieder lebendig zu fühlen. Das Recht-Haben-Wollen zu durchschauen und sich in die Ungewissheit, die das Leben ausmacht, zu stürzen, auch wenn einem vor lauter Angst dabei die Knie zittern. Durch Übungen und Beispiele, persönliche Aufforderungen und freche Bemerkungen fühlt man sich bei der Hand genommen und begleitet. Der Autor kommt aus der Nondualitätsszene, aber auch

Menschen, die mit den Konzepten der Nondualität nicht vertraut sind, ist der Zugang zum Thema nicht verstellt. Laluna erklärt verständlich die Entstehung des Gefühls der Abtrennung aus der ursprünglichen Einheit, das hinter jeder Depression steht. Nicht nur du hast das Gefühl, isoliert und abgetrennt zu sein, sondern mehr oder weniger allen geht es so! Du bist damit nicht alleine. Das Leben kämpft für dich, auch wenn du dich selbst vielleicht schon fast aufgegeben hast.

Leserstimmen:

Christiane D.

Ich bin schon seit 10 Jahren in der Szene unterwegs und hatte gedacht, dass mich nichts mehr überraschen kann... doch ich wurde eines Besseren belehrt. Ich habe alle Non-Dualen Bücher gelesen und mir vieles angehört, doch dieses Buch sorgt für Neues. Mein Suchen wurde auf den Kopf gestellt.

Hula Fan

Vorab: Das Buch ist nicht nur für depressive Menschen gedacht! Nachdem ich schon etliche Bücher zum Thema "Erwachen" gelesen habe, ist bei mir mit diesem endlich der Groschen gefallen.

Jürgen H.

Für einige Minuten war ich in positiver Hinsicht völlig weggetreten, aufgelöst im Nichts. Es ging so weit, dass mich anschließend die nackte Angst gepackt hat, mein "Ich" wäre nun völlig verschwunden. Ich musste es tatsächlich suchen, um "mich" wieder zu finden. So schnell sollte das gar nicht gehen ... und eigentlich wollte ich gar nicht so richtig aufwachen.

Juergen Lessner

Seit Jahren plagen mich depressive Phasen, die letzten Jahre so schlimm, dass ich über ein Jahr in Krankenstand gehen musste. Leider half bei mir nichts wirklich, Pillen, Psychiater, Psychotherapie, Krankenhaus, Psycho-Reha waren alles mehr oder weniger ohne Wirkung, sodass ich immer wieder in tiefe Depressionen fiel. Dann erwarb ich dieses Buch. Seither geht es mir zusehends besser, sodass ich mich gesund schreiben ließ und ich wieder arbeiten kann.

Silvio Waser

Eines der besten Bücher der letzten Jahre für mich.

Marco

Das Buch hat mein Leben nicht verändert, es hat mich aus dem Reich der Toten wieder ins Leben zurückgeführt.

14323959R00071

Printed in Poland
by Amazon Fulfillment
Poland Sp. z o.o., Wrocław